Basic Western Cuisine

베이직 서양조리

(주)지구문화
JIGU CULTURE Co.Ltd

머리말

최근 들어 조리사에 대한 인식의 변화와 소득수준의 향상으로 외식에 대한 관심의 증가하여 미식을 추구하는 경향이 나타나면서, 조리사로서의 길을 가고자 하는 학생들이 늘어나 대학의 조리학과의 인기도 날로 높아가고 있습니다.

한편 4차 산업 시대인 요즘 외식산업의 성장과 더불어 주방의 자동화, 간편조리식(HMR), 밀 키트(meal kit) 등의 판매증가 등으로 수제 조리사의 입지가 좁아지고 있는 것도 현실입니다. 이러한 현실 속에서 단순한 조리기술 뿐만 아니라 미래 환경에 대처할 수 있는 조리사가 되어야 할 것이다.

이 책은 조리를 처음 시작하는 학생들에게 서양조리의 기초이론을 습득하여 조리의 이론적인 부분을 학습할 수 있도록 하고, 양식조리의 기본적인 메뉴 등을 학습하여 양식조리사 취득에 도움을 주고자 합니다.

따라서 서양조리를 처음 접하는 학습자가 알아야 할 식재료와 스톡 끓이는 방법, 기본적인 소스 만드는 방법, 수프 조리하는 방법 등에서부터 전채조리, 샐러드조리, 어패류조리, 육류조리 등 NCS기반의 서양조리를 골고루 다루었습니다. 특히 서양조리에서 많이 사용하는 식재료인 감자요리 중 대표적인 조리법과 새로 개정된 양식조리산업기사 5유형의 레시피를 수록하여 조리산업기사를 취득하고자 하는 수험자에게 도움을 주고자 하였습니다.

서양조리를 처음 접할 때 기본에 충실히 학습함으로써 추후 조리사로서 활동할 때 기초가 부족하여 어려움을 겪는 일이 없도록 하는 한편 양식조리기능사뿐아니라 양식조리산업기사가 되어 현장에서 유능한 요리사의 능력을 배양하도록 하는데 역점을 두어 구성하였습니다.

모쪼록 이 책과 더불어 훌륭한 교수님들의 교육으로 유능한 양식조리사가 많이 배출되기를 기대합니다.

끝으로 이 책이 햇빛을 보기까지 애써주신 (주)지구문화 임직원들의 노고에 감사드립니다.

신축년 새 봄에

저자 일동

차례

PART I 서양조리의 이해

PART II 서양조리 실기

PART Ⅲ 양식조리기능사 실기

PART Ⅳ 양식조리산업기사 실기

PART Ⅰ

PART Ⅰ

서양조리의 이해

PART Ⅰ 서양조리의 이해

1. 서양요리의 역사와 개요

(1) 서양요리의 역사

일반적으로 서양요리라는 표현은 동아시아 사람들이 동양요리 또는 아시아식 요리와 대조하여 부르는 용도로 쓰이며, 유럽 및 미국에서 발달한 요리들을 일컫는다. 우리나라에서는 프랑스·영국·미국·독일 등의 요리가 혼성된 것 또는 우리나라식으로 변형된 것은 모두 서양요리라고 하는데, 실제로 서양요리의 중심은 프랑스 요리이다.

우리나라에 서양요리가 전해진 것은 정확하지는 않지만 개화와 더불어 들어온 것으로 짐작하고 있다. 1800년대 후반 제물포 앞 바다에 온 영국인 홀이 군함에 조선인을 초대하여 유럽 음식과 포도주를 대접하였는데 이때 처음 서양요리를 접한 것으로 기록되어 있다.

1883년(고종 20년) 주미전권공사로 미국에 간 민영익과 수행원인 유길준이 현지에서 서양요리를 맛본 첫 번째 인물이라 할 수 있다. 오페르트의 《朝鮮紀行》을 보면 '그는, 배에 찾아온 조선 사람에게 양식을 대접했으며, 양식을 처음 대하는 조선 사람들이 나이프와 포크를 익숙하게 쓰는 것을 보고 놀랐다'고 하였으며, 가져온 통조림이나 식료품을 주었다고 하였다. 유길준은 《西遊見聞》(1895)에서 '서양인들이 빵과 우유, 버터, 각종 육류, 그리고 주스나 커피 등을 먹는다'는 것을 소개하고 있다.

구한말 정국이 어지러울 때 고종은 신변의 위협을 느끼며, 독살을 두려워하였다고 하는데, 이때 러시아 공사 K. 베베르의 부인이 손수 음식을 만들어 러시아 공사관에 파천중인 고종에게 바쳤다는 기록이 있다.

궁중에서 서양요리의 바람이 일어난 것은 베베르의 처형인 손탁의 영향을 받았다. 1897년 이후 그녀가 손탁 호텔을 경영하면서 양식을 만들어 상류층에 보급하였으며 외교관과 고관들의 사교장으로 이용되면서 상류사회에 서양요리가 보급되었다고 한다. 궁중에서는 서양식 요리 책임자로 영국 유학생이었던 윤기익을 임명하여 서양식 요리에 필요한 집기와 요리책을 사들이고, 프랑스에서 일류 요리사를 초빙하기도 하였다.

1900년에 독일의 신문기자인 지그드리프 겐테(Sigfried Genthe)는 "황실에서는 밤마다 연회가 끊일 날이 없었으며, 화려하게 장식된 식탁에 최고급 유럽식으로 완벽한 음식이 차려졌고, '트뤼플'과 프랑스산 '샴페인'이 나왔다"고 하였다.

이렇듯 대한제국말기 궁중에서는 서양 음식으로 연회를 치를 정도로 서양요리의 수준이 높았음을 알 수 있다.

주미대리 공사를 지낸 이하영은 집에 서양요리의 숙수를 고용할 정도였다고 하며, 1930년에는 국내 최초로 〈경성서양부인회 편〉이라는 서양요리책이 발간되었고 일제 강점기에는 학교 가사 시간에 서양요리를 가르쳤으며, 8·15 광복 이후 오늘날까지 시대가 변할수록 식생활에서 큰 비중을 차지하게 되었다.

(2) 서양요리의 특징

- 향신료 사용이 다양하다.
- 음식에 소스를 곁들인다.
- 오븐을 사용하는 조리 방법을 많이 사용한다.
- 음식에 따라 사용하는 식기가 다르다.

(3) 메뉴 구성에 따른 서양음식의 분류

① **애피타이저**(appetizer, **전채요리**)

애피타이저는 주요리를 맛있게 먹기 위하여 제공하는 음식으로 식욕을 돋우는 음식을 말한다. 시각적으로 색이 아름다우며, 조금만 먹기 때문에 한입에 먹기 편하도록 조리하며, 프랑스에서는 오르되브르(hors-d,oeuvre)라고 한다.

② 수프

수프는 육류, 가금류, 어패류, 채소류 등을 재료로 끓인 육수(스톡)를 기본으로 하여 만든 음식이다.

식사의 두 번째 음식으로 제공되어 위에 부담을 적게 주며, 뜨거운 수프가 나오면 스푼으로 조금 떠서 맛을 본 후에 저어가며 식혀서 먹는다. 농도에 따라 맑은 수프, 걸쭉한 수프로 나뉘며 온도에 따라 뜨거운 수프, 차가운 수프로 나뉜다.

③ 빵

수프를 먹고나면 빵을 먹는다. 한입 크기로 뜯어 버터나 잼을 발라 먹으며 메인코스를 먹을 때까지 요리와 함께 먹는다.

④ 생선요리

생선요리는 수프를 먹은 후 육류로 만든 음식이 나오기 전에 제공되는 음식이지만 메인으로 제공되기도 한다. 생선요리에 레몬이 곁들여 나오는 경우에는 레몬즙을 생선요리 위에 뿌리고 접시 가장자리에 놓은 후 생선요리용 소스를 끼얹어 먹는다.

⑤ 육류요리

서양 음식에서 메인요리 주재료는 육류라고 할 정도로 소, 양, 돼지, 송아지, 가금류 등이 사용된다.

⑥ 샐러드

샐러드는 주재료, 드레싱, 가니쉬로 구성이 되며 채소, 과일 등 사용되는 재료에 드레싱을 첨가해서 식욕과 향미를 증진시키다. 가니쉬는 색과 맛의 조화를 이루고, 재료에 따른 조리 방법, 곁들이는 드레싱에 따라 여러 종류의 샐러드를 만들 수가 있다.

⑦ 디저트

메인코스가 끝나고 식사 중 가장 마지막에 나오는 음식인 디저트는 따뜻하게 만든 것과 차갑게 만든 것으로 나뉜다. 아이스크림, 셔벗, 무스, 푸딩, 케이크, 수플레 등이 있다.

2. 서양 음식의 조리 방법

(1) 건열조리

① **로스팅**(Roasting)

오븐에서 육류, 가금류, 생선, 채소 등의 큰 덩어리를 굽는 방법이다. 고기의 육즙이 빠져 나오지 않도록 하기 위해 오븐의 온도를 220℃ 정도로 높여 겉면을 갈색이 되도록 하거나 모양이 흐트러지지 않게 하기 위해 실로 묶어 냄새를 없애주고 방향을 주는 향신료와 채소를 넣어 오븐에서 굽는다.

② **볶기**(Saute)

프라이팬을 뜨겁게 달군 후 소량의 버터 또는 기름을 두르고 고온에서 단시간에 볶는 방법이다. 잘게 썰은 채소나 고기류를 고온에서 단시간에 볶아주어야 영양소 손실도 줄이면서 수분 손실을 최소화 할 수가 있다. 스테이크나 커틀릿 등은 조리할 때 먼저 센불에 볶은 후 오븐에 로스팅해주면 갈색이 나게 된다.

③ **브로일링**(Broiling)

불 위에 고기류를 얹어 직접 구워내는 방법으로, 그릴 위에 열원이 있어 복사에너지에 의한 조리가 가능한 것을 오버히트(over heat)방식이라고 하며, 아래로 내리는 열을 이용하여 굽는 것을 언더히트(under heat) 방식이라고 한다.

④ **그릴링**(Grilling)

복사열을 이용하여 직화로 굽는 방법으로 고기의 크기가 크면 낮은 온도에서부터 서서히 익혀주며, 크기가 작으면 높은 온도에서 빨리 조리하는 것이 좋다. 육류, 생선류, 가금류 등을 가열된 넓은 철판을 이용하여 굽는 간접구이 방법도 있다.

⑤ **그라탱**(Gratin)

그라탱은 볼이나 팬에 음식을 담고 버터, 치즈, 달걀, 소스 등을 섞은 후 위에 빵가루, 치즈 등을 뿌린 다음 오븐에 넣어 직접 열을 가하여 음식을 익힘으로써 윗부분이 노릇노릇하게 갈색을 내는 조리방법이다.

⑥ **베이킹**(Baking)

오븐에서 굽는 방법으로 주로 빵, 파이류와 같은 제빵·제과용으로 사용되며, 오븐의 복사열과 공기의 대류로 음식을 익히는 조리방법이다.

⑦ **프라잉**(Frying)

재료를 기름에 튀겨내는 방법으로 재료를 단시간에 익혀낼 수가 있어 영양소의 파괴가 적고, 식품에 기름이 흡수되면서 풍미를 더해준다. 주로 170~180℃에서 튀기며, 딥프라잉(deep frying)과 팬프라잉(pan frying) 방법이 있다.

Cuisine Method

- 딥프라잉은 깊은 프라이팬에 많은 양의 기름을 넣고 튀기는 방법이다.
- 팬프라잉은 밑면이 넓고 높이가 낮은 프라이팬에 소량의 기름을 두르고 튀겨내는 조리방법으로 주로, 전이나 볶음요리가 여기에 해당이 된다. 재료를 넣기 전 기름을 넣고 충분히 예열한 후 조리를 해주어야 기름이 과다하게 스며드는 것을 방지할 수가 있다.

(2) 습열조리

① **보일링**(Boiling)

물이나 스톡에 재료를 넣고 끓이는 방법을 말하는데, 끓는 물의 양은 식재료가 잠길 정도가 좋다. 음식의 종류에 따라 찬물에 끓이는 방법과 뜨거운 물에 끓이는 방법으로 나뉘며, 재료에 따라 여러 가지 방법으로 나뉘어지기도 한다.

Cuisine Method

- 감자, 건채소, 뼈 등은 찬물에 넣고 끓인다. 이는 단단한 식품의 표면이 물을 흡수함으로써 골고루 익히거나, 수용성 단백질이 찬물에 용출되어 맛있는 육수를 만들고자 할 때 이용된다. 뼈를 이용하여 육수를 만들 때 거품을 걷으면서 끓여야 맑은 육수가 되며, 이때는 뚜껑을 닫지 않고 끓이는 것이 좋다.
- 재료를 빨리 익게 하고 색을 보존하면서 영양소의 파괴를 줄이고자 할 때는 단시간에 빨리 끓이는 것이 좋다. 스파게티, 마카로니 등은 끓는 물에 뚜껑을 덮지 않고 빨리 끓인다.

② **블렌칭**(Blanching)

채소의 색을 선명하게 하거나 조직을 연화시킬 때, 고기류의 잡냄새를 없애거나 불순물 등을 없애고자 할 때 끓는 물에 빨리 넣어 데치는 조리방법이다. 데치기는 물과 재료를 10:1 비율로 끓는 물에 짧게 조리하여 찬물 또는 얼음물에 식힌다.

이때 소금을 약간 넣어 데치면 재료 고유의 색을 유지하는 데 도움을 주고 비타민과 무기질의 손실도 줄일 수 있다. 뿐만 아니라 뼈나 고기 등을 조리할 때도 표면의 불순물 제거와 피등을 빼내 고기 특유의 냄새를 없애 주기도 한다.

③ **포칭**(Poaching)

끓는점 이하에서 물 또는 스톡에 끓이는 방법을 말하며, 포칭의 온도를 80℃가 넘지 않게 하여 식품의 모양을 그대로 유지하면서 단백질 유실이 일어나지 않게 한다. 주로 달걀이나 생선요리에 이용한다.

④ **스튜**(Stewing)

고기, 과일, 채소 등을 물이나 육수 등에 넣고 뚜껑을 덮어 낮은 온도에서 끓이는 조리법을 말한다.

⑤ **스티밍**(Steaming)

수증기를 이용해 조리하는 방법으로 조리시간을 단축할 수 있으며, 채소류 조리 시 많이 사용되는 조리방법이다. 채소의 풍미와 재료의 색을 유지할 수 있는 장점이 있다.

(3) 복합조리

① **브레이징**(Braising)

건열조리 방법과 습열조리 방법을 이용한 복합조리 방법을 말하며, 우리나라의 찜과도 비슷하다. 채소를 볶아 냄비나 솥에 깔고, 그 위에 고기 또는 생선 등을 넣고 육수를 부어 뚜껑을 덮고 푹 끓이는 방법이다.

② **마이크로웨이브**(Microwave)

식품 자체에 있는 수분의 물 분자가 빠르게 진동·회전하면서 열이 발생되는 원리를 이용한 조리방법이다. 마이크로웨이브를 이용한 전자레인지는 식품의 외부와 내부를 동시에 가열시켜 조리시간은 짧고 영양소 손실은 적다. 단시간에 음식을 골고루 익힐 수 있는 장점은 있지만 수분 증발이 심해 뚜껑이나 랩을 씌워 조리를 하는 것이 좋다.

3. 조리도구

(1) 계량 및 측정도구

식재료의 부피, 무게 등을 계량하며 음식의 온도, 조리시간 등을 측정하기 위하여 사용하는 도구이다.

① 계량컵과 계량스푼

액체 또는 건조된 식재료의 부피를 재는 도구로 240mL가 1컵이며, 우리나라에서는 200mL가 표준이다. 작은 용량의 부피를 재고자 할 때는 계량스푼을 사용하며, 1큰 술은 15mL, 1작은 술은 5mL이다.

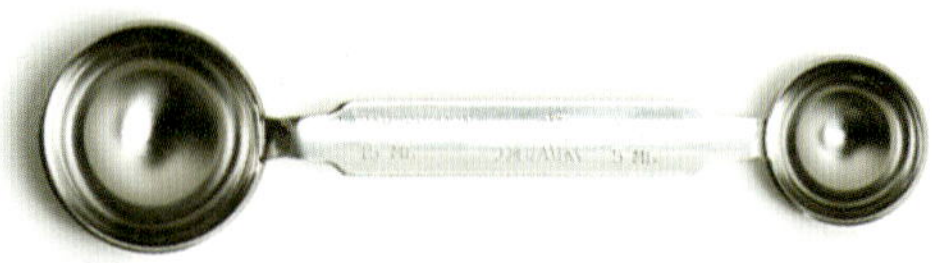

② 전자저울

식품의 무게를 잴 때 사용하는 도구로, 눈금저울과 전자저울이 있으며 1g 단위로 5kg까지 측정이 가능하다.

③ 타이머

정해진 조리시간을 정확하게 측정하기 위해 사용한다.

④ 온도계

구이요리가 알맞게 조리되고 있는지 내부 온도를 측정하고자 할 때 또는 조리중인 스테이크의 내부 온도 측정이나 당의 조리온도를 측정할 때 사용한다.

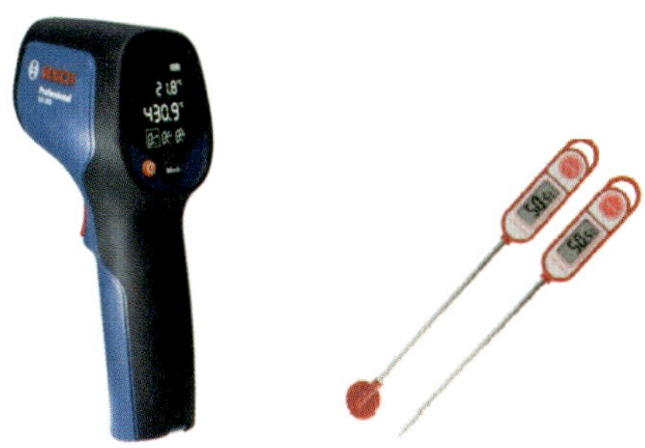

(2) 조리도구

① 프렌치나이프

셰프나이프라고도 하며, 중량감이 있고 칼날이 넓으며 단단하여 고기를 자르는 것부터 허브다지기까지 다양하게 사용되어지는 칼이다.

② 소테 팬

프라이팬과 비슷하며, 가장자리 부분이 곧고 기름으로 조리 시 사용한다.

③ **소스 팬**

프라이팬보다 깊으며, 식품을 뭉근히 끓이거나 푹 삶는 조리를 할 때 사용한다.

④ **스톡포트**

많은 양의 국물이 있는 음식이나 스톡을 끓일 때 사용하는 냄비이다.

4. 기초 용어

(1) 기본적인 채소 썰기 용어

서양요리에 사용되는 채소는 단독 또는 요리 곁들임 재료로 사용되며, 재료의 특징을 이용해 요리에 알맞은 모양과 크기로 썰어 사용해야 한다. 따라서 채소 썰기 용어는 써는 모양, 크기에 따라 이름이 붙여졌으며, 다음과 같은 여러 가지 모양이 있다.

① **줄리엔느**(Julienne)

당근, 감자 등의 채소를 썰 때 슬라이스 한 다음 막대 모양으로 써는 방법으로 크기나 두께에 따라 파인줄리엔느, 알루메트, 바토네, 프릿트, 퐁뇌프, 미뇨네트 등으로 나뉜다.

② **시포나드**(Chiffonade)

푸른잎 채소나 허브 등의 잎을 둥글게 말아 실처럼 가늘게 채 써는 방법이다.

③ **다이스**(Dice)

재료를 주사위처럼 정육면체로 써는 것으로, 재료나 사용 목적에 따라 크기를 다르게하여 파인브뤼누아즈, 브뤼누아즈, 마세도앙, 파르먼티, 카에, 큐브 등이 있다.

④ **페이잔느**(Paysanne)

1.2×1.2×0.3cm 크기로 납작하게 썰며 다양한 모양으로 썰 수 있다.

⑤ **올리베트**(Olivette)

중간 부분이 둥근 올리브 모양으로 다듬어 자르는 것으로 2.5cm 길이의 7각형 썰기이다. 길이에 따라 꼬꼬트, 새또, 폰단트 등이 있다.

⑥ **파리지엔느**(Parisienne)

채소나 과일 등을 구슬모양으로 파내는 것으로 볼커터나 파리지엔느 나이프를 사용한다. 3cm 지름의 공 모양으로 다듬기도 한다.

⑦ **캐롯비쉬**(Carrot Vichy)

당근을 0.7cm 정도의 두께로 둥글게 썬 후 가장자리를 비스듬하게 잘라준다.

5. 위생관리

1. 위생관리의 정의

식중독 위생사고 예방을 위하여 개인 위생관리가 중요하다. 식품취급자는 신체 청결이 중요하며, 근무 중 흡연, 음주 등 작업장의 근무수칙을 지키도록 한다.

위생관리가 필요한 이유는 식중독 위생사고를 예방하고, 식품위생법을 준수함으로써 점포의 청결한 이미지를 통해 매출을 증진할 수 있으며 고객이 만족하고 브랜드 이미지를 관리할 수가 있기 때문이다.

(1) 손 위생관리

'손씻기를 철저히 하는 것만으로도 질병의 60%는 예방할 수가 있다.' 라고 할 정도로 식품취급자에게 손씻기는 중요하다. 특히 음식을 조리하기 전, 식품을 취급하기 전, 신체의 일부를 만졌을 경우(귀, 코, 머리 등), 담배를 피운 후, 화장실 이용 및 외출 후에는 반드시 손씻기를 해주어야 한다. 손은 43℃ 온수에서 20초 이상 충분한 양의 비누를 사용하여 세척한 후 역성비누를 사용하는 것이 좋다.

Cuisine Word

비누 : 흐르는 물에 씻어 너러운 먼지 같은 것을 제거한다.
역성비누 : 냄새가 없고 세척력은 약하지만 독성이 없다.

(2) 작업장 개인 위생수칙

① 작업장에 들어가기 전에 위생모, 작업복, 앞치마, 신발, 장갑, 마스크 등 청결상태를 꼭 확인하고 착용을 한다.

② 작업장 내에서 사용하는 모든 설비 및 도구는 청결한 상태로 유지하며, 흡연, 껌 씹기, 음식물을 먹는 행동을 하지 않는다.

③ 작업장에서는 손톱을 짧게 깎고, 매니큐어는 바르지 않는다.

④ 조리중에 교차 오염을 일으키거나 음식에 혼입될 수 있으므로 반지, 목걸이, 귀걸이 등은 착용하지 않는다.

(3) 개인 위생관리

① 조리 시에는 위생모를 착용하고 모자 밖으로 머리카락이 노출되지 않도록 하며, 여성의 경우 머리를 묶어 머리 망을 착용하고 실 핀을 사용한다.

② 신체를 보호하고, 위생적인 조리 업무를 수행하기 위하여 깨끗한 위생복을 착용하도록 한다.

③ 앞치마는 위생복에 직접적으로 음식물이 튀는 것을 방지해 주는 역할을 한다.

④ 주방에서 신어야 하는 안전화는 방수가 되고 조리실에서 미끄러움 방지 기능이 있어야 하며, 물건이 떨어졌을 때 충격 흡수가 되는 안전화를 신는 것이 좋다.

⑤ 손톱 밑에 이물질 혹은 세균이 있기 쉬우므로 청결을 위해 손톱은 짧게 유지한다.

⑥ 손톱에 매니큐어, 인조손톱 부착 등은 안되며, 진한 화장과 향수는 피하도록 한다.

(4) 조리기구 위생관리

① 칼

- 칼은 흐르는 물로 깨끗이 세척하고 자외선 살균기에 넣어 위생적으로 보관한다.
- 용도에 따라 구분하여 사용하는 것이 좋다.

② 도마

- 도마는 사용 후 중성세제로 씻고 살균 및 소독하여 보관한다.
- 조리를 할 때마다 물로 씻어 사용하고, 열탕소독을 해주는 것이 좋다.
- 나무 도마의 경우 칼자국이나 흠이 많이 생기므로 음식물오염이 발생할 수 있어 세것으로 교체하여 사용한다.

③ 식기

- 중성세제로 깨끗이 닦고 식기 모퉁이 부분은 주의 깊게 닦는다.
- 씻은 후에는 충분히 건조시킨다.

④ 행주

- 행주를 사용한 후 열탕소독하거나 염소소독을 한 뒤 건조하여 사용한다.
- 100℃ 이상에서 30분 이상 삶은 후 일광에서 건조시킨다.
- 마른 행주와 젖은 행주를 구분하여 사용한다.

⑤ 수저

세제로 깨끗이 씻은 후에 헹군 후 100℃ 끓는 물에 소독한 후 건조한다.

6. 안전관리

조리를 하는 공간은 기계와 위험요소들이 있으므로 안전사고를 예방하기 위하여 위험요인을 제거하고 재발방지를 위한 대응과 개선이 필요하다.

안전교육을 실시하는 목적은 다음과 같다.

① 상해, 사망 또는 불의의 사고를 예방하도록 한다.

② 안전한 생활을 하기 위한 습관을 형성시킨다.

③ 일상생활에 필요한 안전지식, 기능, 태도 등을 이해시킨다.

주방에서 많이 사용하는 칼, 금속기, 유리파편 등으로 베이거나 찔리는 등 각종 사고가 발생할 수가 있다. 주방에서 가장 많이 발생하는 사고이므로 항상 올바른 조리기구 사용법을 익히고, 작업대를 정돈하도록 해야 한다.

그 밖에도 뜨거운 음식, 물건 등에 의해 화상을 입을 수 있으므로 조심하며 조리실 바닥이 미끄러워 이동 중에 넘어지거나 주변 물체 등에 발이 걸려 넘어질 수 있으므로 주의한다.

PART Ⅱ

PART Ⅱ

서양조리 실기

PART Ⅱ 서양조리 실기

1. 주요 채소 및 허브

(1) 방울 양배추(Brussels sprouts)

영어로는 'brussels sprouts'라고 하는데 이는 벨기에의 브뤼셀에서 오래전부터 재배되어 왔기 때문에 붙여진 이름이다. 양배추의 일종인 방울 양배추는 50~100cm 정도 되는 줄기에 2~3cm 정도 되는 작은 양배추가 붙어 있는 모습을 하고 있다. 볶거나 구워 요리에 이용한다.

(2) 롤라로사(Lollo rossa)

이탈리아가 원산지인 국화과 식물로, 로사(rossa)는 이탈리아어로 장미처럼 붉다는 뜻이다. 잎의 가운데는 녹색이고, 끝은 밝은 적갈색을 띠며, 곱슬곱슬한 모양을 하고 있다. 주로 샐러드 요리에 이용한다.

(3) 타임(Thyme)

지중해 지역이 원산인 꿀풀과(labiatae) 티무스속(thymus)의 여러해살이풀로 잎과 꽃의 윗부분은 향신료로 쓰인다. 가장 널리 쓰이는 품종은 타임(thymus vulgaris)이며, 그 밖에 레몬타임(thymus citriodorus), 야생 타임(thymus serpyllum)도 쓴다. 향미 화합물의 주성분은 티몰(thymol)과 카바크롤(carvacrol)이다. 타임은 향이 100리까지 간다고 하여 백리향이라고 한다.

(4) 처빌(Chervil)

유럽과 서아시아가 원산지인 미나리과의 한해살이풀로 프랑스에서는 파슬리, 차이브, 타라곤과 같이 섞어 피네 허브(fine herbs)를 만들어 사용한다. 40~70cm 정도로 자라며, 2.5~5cm 정도의 흰색 꽃이 핀다. 잎은 연한 녹색이며 우상복엽으로 길게 갈라져서 파슬리 잎을 닮았고, 열매는 바늘 모양이며 꽃이 피면 잎은 굳어진다. 미식가의 파슬리로 불리는 처빌은 가금류나 해산물 혹은 다른 채소와 함께 맛을 내는 재료로 많이 쓴다. 프랑스에서 가장 많이 쓰며 감초의 맛과 흡사하다.

(5) 딜(dill)

딜(dill)이라는 이름은 스칸디나비아어의 '진정시키다', '달래다'의 뜻을 가진 딜라(dilla)에서 유래되었다. 오래전부터 딜에는 진정작용과 최면효과가 있는 것으로 알려졌다. 유럽, 중동, 러시아에서는 샐러드, 피클, 마리네이드 등에 쓰고, 스칸디나비아 지방에서 호밀빵, 해산물요리, 감자요리에 향과 색을 더하는데 쓰고 있다. 생잎은 꽃망울이 생기기 전에 수확하여 그늘에 말리거나 냉동해서 이용한다. 잎은 씨보다 순하지만 쓴맛은 더하다. 잎을 곱게 다져 감자 튀김이나 샐러드에 뿌려 먹어도 좋다.

(6) 차이브(Chives)

시베리아, 유럽, 일본 홋카이도 등이 원산지인 허브로, 주로 유럽의 요리, 프랑스나 이탈리아, 스웨덴 요리에 많이 사용되며 북유럽과 독일, 미국 등지에서 대량 재배되고 있다. 높이 20~30cm 정도로 실파와 비슷하게 생겼다. 고기나 생선요리에 주로 이용되며, 생이나 말려서 사용하는데, 요리에는 주로 생잎을 이용한다.

(7) 바질(Basil)

동남아시아가 원산지로 동남아시아, 유럽, 아메리카, 일본 등에서 재배하는 민트과에 속하는 1년생 식물로 이태리, 프랑스 요리에 주로 사용한다. 높이 20~70cm로 줄기는 사각형이며 부드러운 털이 나 있다. 잎은 타원형에 끝이 창처럼 뾰족하게 생겼으며 향이 강하다. 오시멘(ocimene), 알파피넨(α-pinene)의 성분이 있고 진해(鎭咳)·해열·해독·설사·변비·월경불순 등의 약재로도 사용하며, 잎이나 줄기는 생으로 사용하거나 말려서 요리의 향신료로 사용한다.

(8) 로메인(Romaine)

원산지는 에게해의 코스 섬이라고 알려져 있으며, 상추의 일종으로 로마인들이 즐겨 먹어 '로메인'이란 이름이 붙여졌다. 종류는 시저스 그린, 시저스 레드, 미니 로메인으로 구분한다.

로메인은 일반 상추에 비하여 쓴맛이 덜하고 특유의 고소한 맛과 아삭한 식감이 특징으로 샐러드요리에 주로 이용하는 데 대표적인 샐러드로 시저샐러드가 있다.

(9) 로즈마리(Rosemary)

남유럽이 원산지인 온대성 다년생 허브로 로즈마리란 이름은 바다의 이슬이란 뜻의 라틴어 'ros marinus'에서 유래되었다. 일반적인 크기는 50~150cm 정도이다.

줄기는 사각형이며, 목질이고 잔가지가 많으며 잎은 길이 1.5~4.5cm로 가늘고 길다. 따뜻한 지역에서는 3월부터 그 외의 곳에서는 5월~7월에 꽃이 핀다. 강한 아로마 향으로 재료의 잡냄새를 없애주고 향을 더할 수 있어, 육류나 생선요리에 주로 사용한다.

(10) 파슬리(Parsley)

지중해 연안, 프랑스 남부가 원산지인 산형과(umbelliferae)의 두해살이풀(petroselinum crispum)이다.

높이는 30~60cm이며 잎은 세 쪽 겹잎이다. 종류로는 이탈리안 파슬리, 컬리 파슬리, 나폴리 파슬리, 함부르크 파슬리 등이 있는데, 진한 녹색의 넓적한 잎을 가지고 있는 이탈리안 파슬리(italyan pasley)와 잎 끝이 꾸불꾸불하고, 동그랗게 뭉쳐져 있는 컬리 파슬리(curly pasley) 두 종류를 많이 사용한다. 파슬리는 신선한 채로 먹거나, 줄기는 육수 등을 낼 때 사용하고, 잎은 다져서 사용하거나, 통째로 가니쉬로 사용한다.

2. 스톡

1. 스톡의 개요

스톡은 요리의 맛을 좌우하는 요소로써, 다양한 소스의 기본이 된다. 스톡은 사용되는 원재료의 품질, 만드는 방법과 사용 용도에 따라 달라진다. 스톡은 소뼈, 닭뼈, 생선뼈, 향신채소 등을 이용하여 만드는 것으로, 우리나라는 육수, 일본은 다시(出し)라고 한다. 소스의 색에 따라 화이트 스톡, 브라운 스톡 등을 만들어 사용한다.

스톡(stock)은 주재료의 맛과 향을 용출시킨 액체로, 음식을 만들기 위한 가장 기본적인 작업이 좋은 스톡을 만들어 내는 것이다. 스톡은 육류, 가금류, 해산물, 채소 등의 주재료와 향신료, 그리고 양파, 당근, 셀러리 같은 미르포아를 이용하여 만들어진다. 스톡 색에 따라 화이트 스톡과 브라운 스톡으로 구분된다. 소스의 색에 따라 소스의 색이 흰색이면 화이트 스톡을 사용하고, 색이 있는 소스는 브라운 스톡을 사용한다. 스톡은 소스, 수프, 스튜 요리 등을 만드는데 있어 필수적인 요소이다. 좋은 스톡을 만들기 위해서는 좋은 재료, 숙련된 조리과정이 필요하다. 좋은 음식을 만들기 위해 스톡은 가장 기본적이면서 중요한 요소이다.

2. 스톡의 재료

스톡을 만들기 위해서는 여러 가지 재료가 필요하나, 기본적으로 사용되는 재료는 주재료인 뼈, 스톡의 풍미를 증가시키기 위한 채소인 미르포아, 향을 더하기 위한 허브 등을 포함한 부케가르니 등이 필요하다. 스톡은 맛을 내기 위하여 뼈, 미르포아, 부케가르니 등을 물과 함께 장시간 가열하여 맛과 향을 우려낼 수 있어야 한다.

(1) 뼈(Bone)

스톡의 가장 기본이 되는 재료로, 소뼈나 송아지뼈, 닭뼈, 생선뼈 등을 이용한다.

(2) 미르포아(Mirepoix)

미르포아는 스톡에 맛과 향을 강화하기 위한 재료로 보통 양파, 당근, 셀러리를 사용하며 그 비율은 2:1:1 또는 3:2:1의 비율로 사용한다. 그 밖에 스톡은 용도에 따라 샬롯, 토마토, 대파, 생강, 버섯 등을 이용할 수 있다. 미르포아는 균일한 크기로 자르는 것이 좋고, 스톡을 끓이는 시간에 따라 크기나 두께를 달리한다. 끓이는 시간이 짧은 스톡은 작게, 끓이는 시간이 긴 스톡은 크게 자른다.

(3) 부케 가르니(Bouquet Garni)

부케 가르니는 향기를 가진 약초를 다발로 묶어 놓은 것으로, 파슬리, 월계수잎, 통후추, 정향, 타임, 로즈마리 등을 실로 묶거나 고정하여 사용한다. 사용하는 용도에 따라 배합과 종류를 달리할 수 있다. 향초주머니에 싸고 실로 묶어 사세데피스(sachet d'epices)를 만들어 사용하기도 한다.

3. 스톡의 종류

스톡은 주재료에 따라 비프 스톡(beef stock), 치킨 스톡(chicken stock), 피시 스톡(fish stock) 등으로 분류할 수 있고, 색에 의해 분류하기도 한다.

화이트 스톡(white stock)은 뼈와 미르포아, 부케 가르니를 이용하여 은근하게 끓여 만들며, 소스의 색에 변화를 주지 않기 위해 색을 내지 않는다. 브라운 스톡(brown stock)은 기본적으로 화이트 스톡과 만드는 법이 같으나, 뼈와 미르포아를 가열하여 캐러멜화(caramelization)한다. 화이트 스톡에 비하여 더 강한 향이 나고, 토마토나 토마토 페이스트 등을 첨가하여 만든다.

4. 스톡 만드는 법

(1) 화이트 스톡

① 뼈를 찬물에 담가 핏물을 빼고, 끓는 물에 살짝 데쳐 불순물을 제거한다.

② 냄비에 찬물과 뼈, 미르포아, 부케가르니를 넣고 은근히 끓이면서 기름과 불순물을 걷어낸다.

③ 면보 등에 걸러준다.

(2) 브라운 스톡

① 뼈를 찬물에 담가 핏물을 빼고, 끓는 물에 살짝 데쳐 불순물을 제거한다.

② 미르포아와 토마토는 콩카세하여 채 썬다.

③ 소스팬에 버터를 넣고 뼈를 넣고 고루 색을 내다가, 채소를 넣어 진한 갈색이 나게 볶는다.

④ 소스팬에 찬물과 부케가르니를 넣고 은근히 끓이면서 기름과 불순물을 걷어낸다.

⑤ 면보 등에 거른다.

(3) 휘시 스톡(Fish Stock)

① 생선뼈는 찬물에서 핏물을 뺀다.

② 소스팬에 버터를 넣고 미르포아를 색이 나지 않게 볶다가 다시 생선뼈를 넣고 생선뼈가 익을 정도로 색이 나지 않게 볶는다.

③ 소스팬에 찬물과 부케가르니 등을 넣고 불순물을 걷어 내면서 은근하게 끓인다.

④ 면보 등에 거른다.

3. 소스

1. 소스의 개요

소스(sauce)는 salted(소금에 절인)이라는 뜻의 라틴어 'salsus(살수스)'에서 유래한 말로 음식의 맛과 향을 내기 위해 음식에 넣거나 위에 끼얹는 걸쭉한 액체를 말한다.

이러한 소스는 서양요리에서 자주 이용된다. 소스는 요리에 곁들이거나 조리에 사용되는 것으로, 퀴르농스키(curnonsky)는 1953녀 프랑스의 잡지 《프랑스의 요리와 와인(cuisine et vins de france)》의 기고에서 "소스는 프랑스 요리의 명예이자 영광이다."라고 할 정도로 프랑스요리에서 소스의 중요성을 피력하기도 했다.

소스는 프랑스 요리에 탁월한 우수성을 부여했고 이를 확고하게 만드는 데 기여했다. 소스와 쿨리는 오케스트라이며 고급스런 식사의 고명이고, 훌륭한 요리장과 솜씨 있는 여자 요리사로 하여금 자신의 재능을 돋보이게 하는 동기가 되기도 한다."라고 하였을 정도로 단순한 양념 이상의 의미가 있다. 프랑스 요리에 있어서 소스는 다른 나라의 음식과 구별되는 특징이라 할 수 있다.

2. 소스의 구성 요소

(1) 스톡

스톡은 소스의 맛과 특성을 좌우하는 가장 기본적인 요소라 할 수 있다. 소고기, 닭고기, 생선, 야채와 같은 재료 등을 이용하여 맛을 낸 국물이다.

(2) 농후제

농후제는 소스의 농도를 조절하여 소스의 질감(texture)을 주기 위하여 사용되는 재료이다. 농후제에는 루, 스타치, 베르마니에, 리에종 등이 있다.

루(Roux)

루는 양식조리의 가장 기본적인 농후제로 버터와 밀가루를 혼합하여 만드는 것으로 소스에 맛과 풍미를 더한다.

① **화이트 루**(White Roux)

버터와 밀가루를 혼합하여 색이 나기 직전까지만 볶아낸 것으로 화이트 계열 소스를 만들 때 사용한다.

② **브론드 루**(Brond Roux)

버터와 밀가루를 연한 갈색이 날 때까지 볶은 것으로 미색 계열의 소스를 만들 때 사용한다.

③ **브라운 루**(Brown Roux)

밀가루와 버터를 진한 갈색이 날 때까지 볶은 것으로, 색이 진한 소스를 만들 때 사용한다.

(3) 베르마니에(Beurre Manie)

베르마니에는 버터와 밀가루를 동량으로 섞어 만드는 것으로 루처럼 볶지 않고 섞어 반죽하여 사용하기 때문에 사용이 쉬워 흔히 사용한다.

(4) 전분(Starch)

분말로 만들어진 것을 사용하며, 감자전분, 옥수수전분, 애로우루트(arrow-root) 등을 사용한다. 사용 방법은 전분을 찬물에 풀어 끓고 있는 소스에 천천히 풀어 농도를 맞춰 사용한다.

(5) 리에종(Liaison)

리에종은 달걀 노른자에 생크림을 섞어서 사용한다. 사용 시 온도가 높으면 노른자가 익게 되므로 온도에 유의하여야 한다.

3. 5대 모체 소스

모든 프랑스 소스의 기본이 되는 모체소스는 19c에 나폴레옹, 알렉산드르 등 유럽 왕실과 지도자들을 위해 요리했던 프랑스의 요리사 마리앙투안 카렘(marie-antoine carême)이 프랑스 소스를 벨루테(velouté), 베샤멜(béchamel), 에스파뇰(espagnole), 알망드(allemande)의 4가지 소스와 파생소스로 정리하였다.

20C 초 오귀스트 에스코피에(georges auguste escoffier)는 알망드 소스를 벨루테 소스의 하위로 넣고, 토마토 소스를 추가하여 벨루테(velouté), 베샤멜(béchamel), 에스파뇰(espagnole), 토마토(tomat), 홀랜다이즈(hollandaise)의 5대 모체소스로 정리하여 소스의 체계를 완성하였다.

(1) 베샤멜 소스(Béchamel Sauce)

'화이트 소스'라고도 하는 베샤멜 소스는 프랑스의 요리사 루이스 베샤멜(louis de bechamel)의 이름에서 유래된 소스로 밀가루와 버터를 혼합하여 볶은 화이트 루(white roux)에 우유를 넣고 루를 풀어 만든 소스로, 양파, 정향, 소금, 후추 등을 첨가하여 만든다.

만드는 방법

① 버터와 밀가루를 혼합하여 색이 나지 않도록 볶아 화이트 루(white roux)를 만든다.

② 화이트 루에 우유를 나눠 붓고, 루를 풀어 준다.

③ 양파와 정향 등을 넣고, 소금, 후추로 간을 하고 면보 등에 걸러 완성한다.

(2) 벨루떼 소스(Velouté sauce)

'부드러운'이라는 뜻의 velouté는 화이트 루와 소고기, 닭고기나 생선 스톡 등을 이용하여 만들어져 옅은 색을 띠게 된다. 더욱 진한 풍미를 위해 마지막에 생크림 넣기도 한다.

만드는 법

① 소스팬에 버터와 밀가루를 넣고 색이 나지 않게 볶아 화이트 루(white roux)를 만든다.

② 화이트 루에 스톡을 나눠 붓고 풀어 준다.

③ 소금, 후추로 간을 하여 완성한다.

④ 마지막에 생크림을 첨가하여 풍미를 증가시킬 수 있다.

(3) 에스파뇰 소스(Espagnole sauce)

스페인에서 유래된 소스로 브라운 소스(brown sauce)라고도 부르는 에스파뇰 소스는 스톡에 브라운 루를 풀어 색을 진하게 만들고, 미르포아를 주사위 모양으로 잘라 갈색이 나도록 볶아 넣고 토마토도 추가한다. 충분이 졸아 들면 체에 걸러 완성한다. 브라운소스를 1/2로 농축한 데미글라스(demi-glace)를 만들어 사용하기도 한다.

만드는 방법

① 소스팬에 버터와 밀가루를 넣고 볶아 브라운 루를 만든다.

② 미르포아를 작은 주사위 모양으로 잘라 갈색이 나도록 볶고 콩카세한 토마토나 토마토페이스트를 넣어 볶는다.

③ 브라운 스톡에 브라운 루를 풀어 색을 진하게 만들고, 볶은 미르포아를 넣어 끓인 후 체에 거른다.

(4) 토마토 소스(Tomat Sauce)

토마토 소스는 파스타 및 피자 소스 등의 재료로 많이 사용되는 적색의 소스로, 좋은 토마토 소스를 만들기 위해서는 좋은 토마토, 채소 스톡, 화이트 스톡 등이 필요하며, 토마토를 걸쭉해질 때까지 졸여서 만들고, 전통적으로는 루를 이용하여 농도를 맞추지만 최근에는 루의 사용을 생략하기도 한다.

만드는 법

① 미르포아는 채 썰고 토마토는 콩카세하여 굵게 다진다. 마늘도 다진다.

② 소스팬에 버터와 밀가루를 넣고 볶아 약간 미색이 나는 브론드루를 만들어 놓는다.

③ 팬에 버터를 넣고, 미르포아와 토마토를 볶아 루와 합치고, 육수를 넣고 풀어준 다음, 월계수 잎 등을 넣어 끓인다.

④ 체에 내려 끓여주면서 농도를 맞추고, 소금, 후추로 간하여 완성한다.

(5) 홀렌다이즈 소스(Hollandaise Sauce)

계란 노른자와 버터를 주재료로 물과 기름의 유화작용을 이용하여 만든 소스이다. 계란 노른자에 함유되어 있는 천연 유화제인 레시틴(lecithin) 성분 때문에 분리되지 않는 소스를 만들 수 있다. 전체적인 향과 농도를 잘 맞추어야 한다.

만드는 법

① 냄비에 다진 양파, 통후추, 월계수 잎, 식초, 물을 넣고 끓인 후 면보에 걸러 향신즙을 만들어 놓는다.

② 버터는 중탕하여 정제 버터를 만든다.

③ 계란 노른자에 향신 즙을 약간 넣어 거품기로 잘 섞일 때까지 젓는다.

④ 잘 섞인 계란 노른자에 정제 버터를 조금씩 부어가며 거품기로 섞는다.

⑤ 적당한 농도가 되면, 소금, 후추, 레몬즙으로 간한다.

4. 파생 소스

(1) 베샤멜 소스(Béchamel Sauce)

① **모네이 소스**(Mornay Sauce)

베샤멜 소스를 끓이면서 치즈를 섞어 소금, 후추로 간을 하여 만든다. 치즈는 그뤼에르(gruyere), 파르미지아노 레지아노(parmigiano–reggiano) 치즈 등을 이용한다.

② **슈비즈 소스**(Soubise Sauce)

양파를 버터에 넣고 부드럽게 익도록 볶은 다음, 베샤멜 소스를 넣고, 체에 걸러 주고 다시 끓여 농도를 맞추고, 간을 하여 완성한다.

③ **크림 소스**(Cream sauce)

베샤멜 소스에 크림을 첨가하여 만든다.

④ **모던 소스**(Modern sauce)

베샤멜 소스에 버터에 볶은 양파를 첨가하여 만든다.

(2) 벨루떼 소스(Velouté sauce)

① **양송이 소스**(Mushroom Sauce)

알망드 소스에 버섯주스를 넣어 끓이고, 버터 몬테를 한 후, 양송이버섯을 소테(sauté)하여 곁들인다.

② **알망드 소스**(Allemande Sauce)

벨루떼 소스 500ml, 화이트 스톡 400ml, 달걀 2~3개를 잘 섞어 끓인 후, 바닥에 타지 않게 저으면서 졸인다. 농도와 윤기가 나오면 간을 하고, 버터 몬테를 하여 완성한다.

③ **빌레르와 소스**(Villeroi Sauce)

알망드 소스에 화이트 스톡과 송로버섯 주스를 넣고 졸인 후 양파 퓌레(Purée)나 토마토 수비즈(soubise)를 첨가하기도 한다.

④ **라비고트 소스**(Ravigote Sauce)

동량의 화이트 와인과 식초를 넣고 졸인 후 송아지 벨루테 소스와 다진 샬롯을 넣고 졸인 후 마지막에 다진 허브를 넣고 완성한다.

⑤ **슈프림 소스**(Supreme Sauce)

치킨 벨루테를 졸인 후, 생크림을 조금씩 첨가하며 농도를 맞추고, 버섯주스나 레몬주스를 넣기도 한다. 체에 걸러서 간을 한 후 버터 몬테를 한다.

⑥ **오로라 소스**(Aurora Sauce)

토마토 퓌레와 벨루떼소스를 섞고, 버터를 첨가하여 잘 섞은 후 걸러서 만든다.

(3) 에스파뇰 소스(Espagnole sauce)

① **데미글라스 소스**(Demi-Glace Sauce)

데미글라스는 에스파뇰 소스를 졸인 것으로 1/2로 졸인 것을 데미그라스, 데미그라스 소스를 1/5로 졸이면 그라스비안드(glace viande)가 된다.

② **마데이라 소스**(Madeira Sacuce)

고기를 구운 팬에 마데이라 와인으로 디글레이징(deglazing)하고 브라운스톡을 넣어 끓이고, 베르마니에(beurre manie)를 넣어 농도를 맞춘 후 간을 하여 완성한다.

③ **베르시 소스**(Bercy Sauce)

다진 양파에 화이트 와인을 넣어 졸이고, 글라스비안드(glace viande)를 넣은 후, 버터 몽테를 하고 마지막에 다진 파슬리를 넣어 완성한다.

④ **보르드레즈 소스**(Bordelaise Sauce)

소스팬에 미르포아(mirepoix), 으깬 통후추, 월계수잎, 타임 등을 넣고 레드와인을 넣고 졸인다. 데미그라스(demiglace)를 넣고 더 졸인 후 체에 거르고, 버터 몬테를 하여 농도를 맞춘다. 보르드레즈(bordelaise)는 프랑스 남서부에 위치한 와인산지인 보르도(bordeaux)식 소스이다.

⑤ **비가라드 소스**(Bigarade Sauce)

소스팬에 설탕을 넣고 가열하여 카라멜화 되면 적포도주 식초를 넣고 끓인다. 브랜디를 넣고 플람베 하고, 오렌지 주스와 포도잼을 넣고 졸인다. 데미그라스를 넣고 끓이다가 소금과 후추로 간을 하고 오렌지 제스트를 넣고 불을 끄고 버터 몬테를 한다. 가금류 요리에 잘 어울리는 소스이다.

⑥ **레드와인 소스**(Red Wine Sauce)

소고기 등의 육류를 구워준 팬에 미르포아를 넣어 살짝 색이 나도록 볶고, 여기에 레드와인을 넣고 데글레이즈(deglaze)한다. 1/2로 졸여지면 브라운스톡을 넣고 졸여 채에 걸러서, 다시 끓여 농도를 맞춘다. 소금, 후추로 간을 하고, 불을 끄고 버터 몬테(butter monter)를 한다.

Cuisine Word

데글레이즈(Deglaze)/**데그라세**(Deglacer) : 고기를 구운 팬이나 조리하고 맛이 남아 있는 팬이나 냄비 바닥에 눌어붙어 있는 것을 와인이나 육수 등을 넣어 녹여내어 소스 등을 만들 때 이용하는 방법을 말한다.

몬테(Monter) : 소스나 수프의 풍미를 더하기 위해 버터나 올리브유를 둘러 코팅하는 것으로, 소스나 수프의 표면에 막이 형성되는 것을 막는다.

⑦ **로베르 소스**(Robert Sauce)

다진 양파를 버터에 살짝 볶은 후, 화이트 와인과 식초를 넣고 졸이고, 데미그라스(demiglace)를 넣고 끓인 다음, 버터 몬테를 한다. 불을 끄고, 머스터드를 잘 저어 완성한다.

⑧ **버섯 소스**(Champignons Sauce)

양송이 버섯은 적당한 두께로 어슷하게 썰어 버터에 볶아주고, 마데이라 와인과 데미그라스(demiglace)를 첨가하여 뭉근하게 끓이다가 버터 몬테를 한다.

(4) 토마토 소스(Tomat Sauce)

① **토마토쿨리**(Tomato Coulis)

양파와 당근을 미르포아(mirepoix)하여, 버터를 넣고 숨이 죽도록 익혀서(에뚜베르), 육수(물)을 넣은 다음, 토마토나 토마토퓌레를 넣고, 소금, 설탕, 후추, 부케가르니를 넣고 끓인다. 체에 내리고, 다시 끓여 농도와 색을 맞춘다.

Cuisine Word

에뚜베르(Etuver) : 육류와 야채를 재료가 가진 수분으로 찌는 것

퓌레(Purée) : 채소나 곡물 등을 익혀 체에 내리거나 으깨서 걸쭉한 상태로 만든 것을 말한다.

② **프로방샬 소스**(Provencale Sauce)

다진 양파, 토마토 콩카세를 올리브 오일에 볶아주고, 으깬 마늘, 부케가르니, 화이트 와인, 화이트 스톡 등을 첨가하여 졸여준 다음, 마지막에 파슬리, 바질 등을 다져서 넣고 완성한다.

③ **포르투갈 소스**(Portugaise Sauce)

올리브 오일에 양파 다진 것을 갈색이 나도록 익힌 후 토마토 콩카세를 넣고, 끓인 후 뚜껑을 덮고 뭉근한 불에 더 끓여 퓌레가 될 때까지 익힌다. 화이트 스톡을 넣고 다시 끓인 후 베르마니에로 농도를 맞추고, 마지막에 파슬리를 다져 넣어 완성한다.

(5) 홀렌다이즈 소스(Hollandaise Sauce)

① **무슬린 소스**(Mousseline Sauce)

홀렌다이즈 소스에 휘핑한 크림을 섞어서 만든다.

② **쇼롱 소스**(Choron Sauce)

홀렌다이즈 소스에 토마토 퓌레를 섞어서 분홍색이 되도록 만든다.

4. 수프 조리

1. 수프의 개요

프랑스어로 포타주(potage)는 식사의 시작을 뜻하는 말로 프랑스에서는 가정의 전통 음식이었다고 한다. 수프(포타주)에는 양파스프, 생선스프, 비스크(bisque), 콩소메(consommé) 등이 있는데, 현재 프랑스의 레스토랑에서는 포타주는 거의 제공하지 않으며, 전채요리(오브되브르)로 대신한다.

수프(soup)는 포타주(potage)나 부용(bouillon)에 빵조각을 적신 것을 의미하였다. 포타주는 크게 2가지로 나눌 수 있는데, 콩소메 형태의 맑은 포타주(potage clair)와 농도가 있는 포타주 리에(potage lie)로 나뉜다.

2. 수프의 구성 요소

(1) 육수

스톡은 소스의 맛과 특성을 좌우하는 가장 기본적인 요소라 할 수 있다. 소고기, 닭고기, 생선, 야채와 같은 재료 등을 이용하여 맛을 낸 국물이다.

(2) 농후제

농후제는 소스의 농도를 조절하여 소스의 질감(texture)을 주기위하여 사용되는 재료이다. 농후제에는 루, 스타치, 베르마니에, 리에종 등이 있다.

(3) 곁들임

① **줄리엔**(Julienne) : 양파, 당근, 셀러리, 양배추 등의 채소나 닭고기, 햄, 버섯 등을 채 썰어 볶거나 데쳐서 수프에 띄운다.

② **토마토 콩카세**(Tomato Concasser) : 토마토를 콩카세하여 0.5~1cm 정도로 다이스한 후, 그냥 사용하거나 볶아서 수프에 넣는다.

③ **브루누아즈**(Brunoise) : 양파, 당근, 셀러리를 2~3mm 네모로 썰어, 버터에 볶아서 부용을 붓고 5분간 약한 불에서 끓인 후, 수프에 넣는다.

④ **바게트**(Baguette) : 바게트 빵을 1cm 정도의 두께로 어슷하게 슬라이스하여, 버터, 다진 마늘, 다진 파슬리를 발라 팬에 갈색이 나도록 구워 양파 수프(french onion soup) 등에 곁들인다.

⑤ **쿠루통**(Croutons) : 식빵을 1cm 정도의 큐브 모양으로 잘라 팬에 버터를 두르고 전체적으로 갈색이 나도록 구워 포테이토 크림수프 등에 가니쉬로 곁들인다.

3. 수프의 종류

(1) 맑은 수프(Potage Clair)

콘소메로 대표되는 맑은 수프로 수프의 국물 안에 재료의 맛과 향이 배어 있고, 맑게 끓여야 한다. 채소, 고기, 닭, 해산물 등을 베이스로 끓여낸 육수를 사용하여 만든다.

① **비프 콘소메 수프**(Beef Consomme Soup)

양파를 볶아 색을 낸 후 휘핑한 흰자, 당근, 샐러리, 토마토, 다진 소고기와 부케가르니를 넣고 은은한 불로 끓여 걸러낸 맑은 수프로 맑고, 깔끔한 맛이 난다. 달걀 흰자를 젓지 않고 천천히 응고시키는 것이 중요하다.

② 프렌치 어니언 수프(French Onion Soup)

양파를 채 썰어 갈색이 나게 볶아 화이트 와인을 넣고, 볶은 다음 비프 스톡을 넣고 끓여 만드는 수프로 바게트 빵을 1cm 정도 두께로 슬라이스 한 것에 버터, 다진 마늘, 다진 파슬리를 발라 갈색이 나도록 구워 가니쉬로 곁들여낸다.

(2) 농도가 있는 수프(Potage Lier)

수프의 이름에 맞는 채소를 여러 가지 형태로 혼합하여 만든 것, 퓌레를 이용하여 만든 것, 크림과 벨루떼 등을 이용하여 만든 수프, 비스크(bisque) 같은 농도가 있는 일반적인 수프, 또는 진하지 않은 수프에 베르마니에(beurre manie), 루(roux), 달걀 노른자, 생크림, 전분 등을 이용하여 리에(lier)한 것 등이 있다.

Cuisine Word

리에(Lier) : 소스, 포타주 등의 액체에 녹말이나 달걀노른자, 생크림 등을 더해 농도를 진하게 하다

리에종(Liaison) : 소스나 수프의 농도를 진하게 하는 것으로 베르마니에(Beurre manie), 루(roux), 달걀 노른자, 전분 등을 이용한다.

비스크(Bisque) : 새우, 게, 가재 등 갑각류 등을 주재료로 만든 농도가 있는 크림수프

① 포테이토 크림 수프(Potato Cream Soup)

버터에 채썬 양파, 채썬 대파를 볶아 향을 낸 후 얇게 슬라이스 한 감자를 볶아주고, 치킨스톡과 월계수잎을 넣고 뭉근히 끓여 체에 내려준 후, 다시 끓여 생크림으로 농도를 맞추고 간을 하여 만든다. 식빵을 작은 큐브 모양으로 잘라 팬에 갈색으로 구워 가니쉬로 곁들여낸다.

② **피시 차우더 수프**(Fish Chowder Soup)

피쉬 차우더 수프는 흰살 생선에 감자, 양파, 샐러리 등의 채소를 넣고 생선 스톡과 화이트 루를 넣어서 농도가 있게 만든 수프이다.

5. 전채(Appetizers) 조리

(1) 전채요리의 개요

전채(前菜)는 식사 전(前)에, 식욕을 돋구려고 먹는 채소(菜蔬)라는 뜻으로, 프랑스에서는 오르되브르(hors d'oeuvre), 영어로는 애피타이저(appetizer), 일본에서는 젠사이(ぜんさい) 중국에서는 치앤차이[前菜]라고 한다.

오르되브르(hors d'oeuvre)는 식전에 나오는 모든 요리를 총칭하는데 hors 는 밖에, 밖으로(dehors)라는 뜻이고, oeuvre(외브르)는 작업, 작품이란 뜻으로 바꾸어 말하면 코스의 메인요리 밖을 의미한다고 할 수 있다. 전채요리는 다음에 제공될 요리와 질과 양, 맛과 영양의 균형 등 조화를 이룰 수 있는 것이어야 한다.

전채의 유래는 3세기 마르코 폴로(Marco Polo)가 중국을 다녀오면서 중국의 냉채요리를 모방하여 창안한 것이 이탈리아에서 프랑스로 건너가 전채요리로 발전했다는 설이 있다.

전채요리는 배가 부르지 않고 식욕을 증진시킬 수 있는 것으로 하여야 하며, 일반적으로 고급 재료를 사용하여 만든다.

전채요리는 찬 오르되브르, 더운 오르되브르로 나눌 수 있다. 정식 프랑스 요리의 오찬에서는 여러 종류의 오르되브르를 대접하고 만찬에서는 수프를 내기 전에 1~2품의 진미만을 제공하는데, 이때는 생굴, 캐비어(caviar), 훈제연어, 멜론 등이 많이 사용된다. 오찬에는 20~25종의 오르되브르를 장만하는데, 이때는 주로 훈제품, 생신을 소금에 절여 기름에 담근 것, 소금에 절인 생선, 초절이 생선, 채소류, 육류, 샐러드 등이며, 이러한 고급 오르되브르는 모두 찬 음식이다.

가끔 크로켓이나 파이 같은 더운 오르되브르를 대접하기도 하나 더운 것은 흔히 단독으로 제공한다. 일반적으로 전채요리는 고급 재료를 사용하여 만드나, 찬 음식의 가짓수가 많을 때는 비싼 재료를 새로 사용하지 않고 사용하고 남은 음식이나 재료를 이용할 때도 있다.

(2) 찬 오르되브르(Cold appetizer)

① 생채소(Raw Vegetables)를 이용한 오르되브르

생채소를 익히지 않고 생것으로 이용하는 것으로 셀러리, 오이, 당근, 셀러리악(celeriac), 토마토, 래디시(radish), 양배추, 양송이 등을 이용하는데, 비네그레트, 레몬즙, 마요네즈, 허브 등으로 양념하여 만든다.

Cuisine Word

셀러리악(Celeriac) : 셀러리의 일종으로, 뿌리 셀러리(celery root) 또는 덩이 셀러리(celery knob)라고도 부른다. 맛은 셀러리와 유사하며, 보통은 생식보다는 살짝 데쳐서 사용하나, 생으로 썰거나 갈아서 샐러드에 이용하기도 한다.

② 익힌 채소(Cooked Vegetables)를 이용한 오르되브르

채소를 익혀서 이용하는 것으로 아티초크, 아스파라거스, 스트링빈, 죽순, 감자, 가지 등을 이용하여 데치거나, 굽는 등의 방법으로 익혀서 비네그레트, 마요네즈, 겨자소스, 올리브유 등으로 양념하여 만든다.

③ 절인 채소(Pickled Vegetables)를 이용한 오르되브르

보통 피클(pikles)이라고 하며, 주로 오이, 양배추, 당근, 작은 양파 등의 채소를 설탕, 소금, 식초에 절이거나, 월계수잎, 딜, 파슬리 등 향신료를 넣은 소금물에 절여서 만들어 놓고 사용한다. 장기간 보존할 수 있고 사용이 편리하기 때문에 널리 사용한다.

④ **테린**(Terrine)**을 이용한 오르되브르**

재료를 젤라틴을 이용하여 굳히거나 생선, 가금류 등을 이용하여 포스미트를 만들어 여러 가지 식재료를 섞어 만들 수 있다. 테린 틀에 내용물을 넣고 익혀 식혀서 적당한 크기로 잘라서 낸다.

Cuisine Word

포스미트(forcemeat) : 포스미트는 고기나 야채를 잘게 갈아 혼합한 것으로 닭고기 등 다른 재료의 속을 채우는 데 사용한다.

(3) 더운 오르되브르(Hot appetizer)

① **바르케트**(Barquette)

밀가루 반죽을 작은 종이배 모양의 틀에 넣어 그 안에 달콤하거나 짭잘한 소를 채워 만든다. 디저트용은 달콤하게 만들고, 애피타이저용은 짭짤하게 만든다.

② **타르틀레트**(Tartelette)

한 잎에 들어가게 만든 작은 타르트로 속에 다양한 재료를 넣고 만든 것으로 차게 혹은 뜨겁게 하여 디저트나 애피타이저로 내는데 디저트용은 달게, 애피타이저용은 달지 않게 만든다.

(4) 전채요리

① **쉬림프 카나페**(Shrimp Canape)

카나페는 식빵을 작게 모양을 내어 구운 후 한쪽 면에 버터를 바르고 삶은 계란 슬라이스, 쿠르부용(court-bouillon)에 삶은 새우 등을 올려 만드는 전채요리이다.

② **프렌치 프라이드 쉬림프**(French Fried Shrimp)

프렌치 프라이드 쉬림프는 프랑스식 튀김요리로, 흰자를 휘핑하여 계란노른자, 밀가루와 섞은 반죽을 새우에 입혀 튀긴 요리이다.

③ **샐러드 부케를 곁들인 참치 타르타르와 채소 비네그레트**
(Tuna Tartar with Salad Bouquet and Vegetable Vinaigrette)

참치를 잘게 썰어 다진 향신채소와 섞어 만든 참치 타르타르와 채소를 이용하여 샐러드부케를 만들어 채소 비네그레트를 곁들인 전채요리이다.

6. 양식 샐러드 조리

(1) 샐러드의 정의

샐러드는 건강식으로 간편하게 즐길 수 있는 요리로, 그리스·로마시대부터 채소에 소금을 뿌려먹던 것으로 알려져 있다. 샐러드(salad)의 어원은 프랑스어 'salade(살라드)'에서 온 것으로 라틴어의 '소금을 첨가한'이라는 뜻의 'salata(살라타)'에서 온 것으로 보인다.

향신채소인 물냉이(watercress), 루꼴라, 치커리 등을 샐러드와 함께 내면 더욱 효과적이다. 산성식품인 육류요리는 알칼리성 채소를 곁들여 먹음으로써, 영양적인 균형도 잡히며, 소화흡수에도 도움을 준다.

샐러드는 바탕(base), 본체(body), 드레싱(dressing), 가니쉬(garnish)의 4가지 구성요소와 드레싱으로 이루어져 있다. 드레싱은 오일과 식초를 이용한 비네그레트 드레싱과 마요네즈 베이스의 드레싱으로 구분할 수 있다. 제공하는 시점에 따라 식욕을 자극할 수 있도록 상큼하게 만들어 전채요리로 낼 수 있고, 달콤하게 만들어 디저트 샐러드로 제공할 수 있다.

(2) 샐러드의 기본 구성

샐러드는 기본적인 구성인 바탕, 주재료인 본체, 곁들이는 소스인 드레싱, 샐러드의 특색을 더할 수 있는 가니쉬로 구성되어 있다.

① **바탕**(Base)

바탕은 샐러드의 틀을 이루는 부분으로 양상추, 잎상추, 로메인, 라디치오와 같은 생채소로 이루어져있다. 샐러드의 부피를 늘려주고, 본체와 색의 대비를 이루는 역할을 한다.

② **본체**(Body)

본체는 샐러드의 주재료로 샐러드의 이름은 주재료에 따라 결정된다. 주재료의 특성에 맞게 조리하여 사용한다.

③ **드레싱**(Dressing)

드레싱은 샐러드에 곁들이는 소스를 말하며 샐러드와 함께 제공하는데, 오일과 식초를 베이스로 한 비네그레트 드레싱과 마요네즈를 베이스로 한 드레싱이 있다.

④ **가니쉬**(Garnish)

샐러드 가니쉬의 목적은 샐러드를 아름답게 보이도록 하고 샐러드와 균형을 이루도록 하여야 한다.

(3) 샐러드의 분류

① **그린 샐러드**(Green Salad)

그린 샐러드는 상추가 많이 들어간 샐러드인 가든 샐러드(garden salad)가 여기에 속하며 양상추, 루꼴라(아루굴라) 같은 녹색의 채소로 구성되어 있다. 이 샐러드에는 일반적으로 생채소(fresh vegetable)인 오이, 피망, 토마토, 양파, 당근, 샐러리, 래디시(radish), 버섯류, 아티초크, 올리브, 물냉이, 파슬리, 비트(beet), 견과류, 베리류(berries) 등을 사용한다.

② **심플 샐러드**(Simple Salad)

한 가지의 주재료로 만든 샐러드로 세트 메뉴나 코스 요리에 사용한다.

③ **혼합 샐러드**(Compound Salad)

2~3가지 이상의 주재료를 사용하여 만들며, 여러 가지 재료가 서로 잘 어우러지도록 만들어진 것을 말한다. 전채요리(appetizers)로 활용하거나 일품요리(a la carte)로 제공할 수도 있다.

Cuisine Word

일품요리(A La Carte; **알라 카르트**) : 정식요리(코스요리)와 다르게 메뉴를 보고 각각의 요리를 하나씩 손님의 주문에 따라 제공하는 요리

(4) 샐러드에 사용되는 재료

샐러드에 사용되는 재료에는 쇠고기, 돼지고기, 양고기 등의 육류(meat)와 햄, 베이컨 등의 육가공품 등과 닭, 오리 등의 가금류(poultry)를 사용하고, 해산물류(seafood)로는 광어, 농어, 도미, 우럭, 참치, 연어 등의 생선류, 가리비, 홍합, 바지락, 대합, 중합, 모시조개 등의 패류, 랍스터, 새우 등의 갑각류, 오징어, 갑오징어, 문어, 낙지 등의 두족류를 사용한다.

채소류(vegetable)에는 배추, 상추, 시금치 등과 같이 잎을 사용하는 엽채류, 무, 양파, 셀러리악, 야콘, 당근, 우엉, 연근, 고구마 등 뿌리를 이용하는 근채류, 오이, 참외, 호박, 토마토, 가지, 고추, 피망 등의 과채류, 파스타치오, 잣, 호두, 아몬드, 밤 등의 견과류, 브로콜리, 콜리플라워 등의 화채류, 독특한 향을 가진 허브류 등을 사용한다.

(5) 드레싱

드레싱이란 샐러드(salad) 위에 뿌리는 소스로, 샐러드의 맛을 향상시키는 역할을 한다. 드레싱은 옷을 입는다는 뜻으로, 샐러드의 맛과 향이 조화를 이룰 수 있도록 하여야 하며, 신맛의 드레싱은 소화를 촉진시키고, 상큼한 맛으로 식욕을 자극할 수 있어야 한다.

드레싱의 종류

드레싱의 종류는 여러 가지가 있으나, 기본적인 것은 오일과 식초를 주재료로한 비네그레트 드레싱과 마요네즈를 주재료로 사용하는 드레싱으로 분류할 수 있다.

① **비네그레트 드레싱**(Vinaigrette Dressing)

기름과 식초를 주재료로 한 드레싱으로 기름, 식초, 소금, 후추를 넣고 빠르게 저어주면서 일시적으로 유화시켜 만드는 드레싱이다. 기본적인 비율은 오일과 식초를 3대 1의 비율로 만들고 경우에 따라 2대 1로 만들기도 한다. 사용되는 식초에 따라 레드와인 비네그레트, 발사믹 비네그레트 등으로 불린다. 일시적인 유화를 이용하는 드레싱이므로 사용 직전 잘 섞어서 사용해야 한다.

② **마요네즈 베이스 드레싱**(Mayonnaise Based Dressing)

마요네즈는 식물성 오일과 달걀노른자, 식초, 소금, 후추 등을 넣어 만든 소스이다. 마요네즈를 이용하여 만드는 대표적인 드레싱으로는 마요네즈에 토마토 케첩, 삶은 달걀, 피클, 피망 등의 재료를 넣어 만드는 사우전 아일랜드 드레싱, 마요네즈에 토마토 케첩, 피망, 허브 등을 넣어 만드는 러시안 드레싱 등이 있다.

7. 어패류 조리

(1) 어패류의 개요

어패류는 어류와 패류를 총칭하는 말로, 삼면이 바다로 둘러싸인 한국의 경우 예로부터 단백질, 지방의 주요 공급원으로써 중요한 역할을 해왔다. 또한 비타민 A, D, B_1, B_2, B_3, B_6, B_{12}, 칼슘(Ca) 등의 공급원이 되기도 한다.

① **어류**

어류는 서식지에 따라 담수어, 해수어로 나눌 수 있는데, 담수어는 흔히 민물고기라고도 하며, 민물에서 사는 어류, 민물과 바닷물이 만나는 기수에서 서식하는 어류, 강물에서 서식하다가 바다에서 산란하는 뱀장어, 바다에서 서식하다가 민물에서 산란하는 연어도 담수어로 분류할 수 있다. 일반적인 분류 기준은 담수와 해수 중 서식기간이 긴 쪽으로 분류한다.

담수어에는 가물치(snakehead), 메기(skate fish), 미꾸라지(loach), 뱀장어(water eel), 붕어(crucian carp), 잉어(carp), 은어(sweet fish) 등이 있다.

해수어는 바다에 서식하는 어류로 고등어(mackerel), 꽁치(mackerel pike), 농어(sea bass),도미(snapper), 대구(cod), 명태(alaskan pollack), 복어(blowfish), 상어(shark), 참치(tuna meat) 등이 있다.

형태학상으로는 라운드 피시(round fish)와 플래트 피시(flat fish)로 나눌 수 있는데, 라운드 피시는 몸통이 둥글고, 수직으로 된 등지느러미를 가지고 있고, 눈은 머리양쪽에 대칭으로 붙어 있으며, 옆에서 보면 머리 쪽이 크고 꼬리 쪽이 작은 타원형의 모양을 하고 있다. 플래트 피시는 납작한 모양을 하고 있고, 눈은 머리 한쪽에 2개가 붙어 있고, 바닥에 붙어 생활하며, 위쪽은 진한 색, 바닥 쪽은 흰색을 띠고 있다.

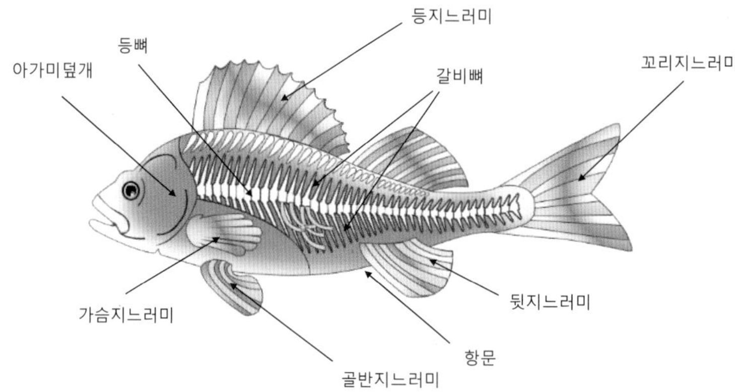

그림 2-1 라운드 피시(Round Fish)의 부위별 명칭

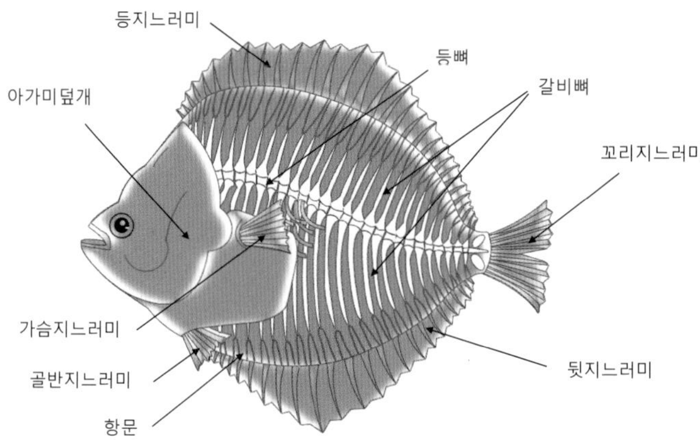

그림 2-2 플래트 피시(Flat Fish)의 부위별 명칭

② **연체류**(Mollusks)

연체류는 형태학상 두족류, 복족류, 이매패류로 분류할 수 있다. 두족류는 머리를 뚜렷하게 가지고 있고, 다리가 발달한 것이 특징이다. 이러한 두족류에는 낙지(octopus), 오징어(squid), 꼴뚜기(sea-arrows) 등이 있다.

복족류(gastropoda)는 복부에 다리가 붙어 있는 형태의 연체동물로 대부분 나사 모양으로 된 1장의 껍데기를 가지지만, 민달팽이나 군소처럼 껍데기가 없는 것도 있다. 복족류에는 전복, 소라, 다슬기, 군소, 달팽이 등이 있다. 이매패류(bivalve)라는 이름은 '둘'을 의미하는 라틴어 bis와 '문짝'을 의미하는 valvae에서 파생된 단어인데 한 쌍의 껍질을 가진 동물로 대합(clam), 모시조개(corb shell), 굴(oyster) 등이 있다.

③ **갑각류**

갑각류는 절지동물의 한 분류로 보통은 물 속에 서식하며, 아가미가 있고 물 속에서 호흡한다. 몸은 머리, 가슴, 배로 나뉘어 있고 마디로 되어 있다. 갑각류에는 게류(crabs), 새우(spiny-lobster) 등이 있다.

④ **극피동물**(Echinodermata)

극피동물은 가시가 난 피부와 5방사 대칭 체제인데, 또 다른 특징은 수관계와 관족이 발달해 있다는 것이다. 수관계는 식도를 둘러싸서 고리 모양 수관을 이루고, 이것이 갈라져서 표피의 구멍으로 수많은 관족을 낸다.

관족이 나오는 부분을 보대(步帶)라 하고 그 사이를 간보대(間步帶)라고 한다. 5방사 대칭구조로 되어있기 때문에 보통 5줄씩 있다.

중앙에 있는 판 모양의 동체와 5개의 팔을 갖고 있는 불가사리가 있고, 불가사리와 비슷하지만 5개의 가늘고 긴 다리가 있는 거미불가사리, 밤송이처럼 생겨서 밤송이조개라고도 하는 성게, 약효가 인삼과 같다고 하여 이름 지어진 해삼, 고사리처럼 생긴 촉수를 가지고 있는 바다나리가 있다.

8. 육류 조리

육류는 단백질이 주성분인 동물의 고기로 소고기(beef), 돼지고기(pork), 양고기(lamb) 등의 육류(meat)와 닭고기(chicken), 오리고기(duck), 거위(goose), 칠면조고기(turkey) 등의 가금류(poultry)가 있다.

1. 소고기(Beef)

소고기는 양질의 단백질을 20% 정도 함유하고 있으며, 필수 아미노산을 모두 포함한 완전한 단백질을 구성하고 있다.

또한, 비타민 B_3, B_6, B_{12} 등의 비타민을 함유하고 있어 혈액 형성 및 에너지 대사에 도움을 주며 철, 아연, 인 등의 비타민과 여러 가지 미네랄을 함유하고 있다. 지방은 7% 정도의 비율로 함유되어 있고, 주요 지방산은 스테아르산, 올레산, 팔미트산이다.

소고기는 연령, 거세여부, 부위에 따라 색과 풍미가 다르다. 어릴 때 거세한 소와 암소고기가 좋으며, 성숙한 후에 거세한 소와 거세하지 않은 소는 품질이 떨어진다. 지방이 근육 내에 고르게 분포하고 있으면 결합조직의 입자가 가늘어지고, 근육조직이 연하게 되기 때문에 고기의 맛이 좋다.

(1) 소의 부위별 명칭

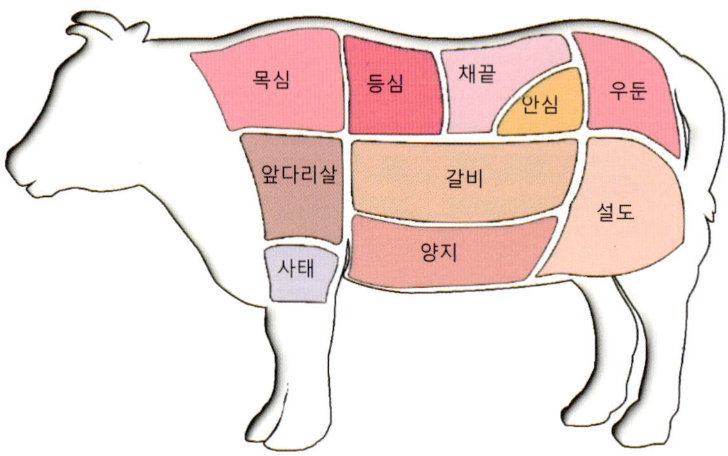

① **앞다리살** : 앞다리살은 어깨뼈 안쪽 부분과 상완골을 감싸고 있는 근육으로 지방 함량이 적어 마블링이 적고, 근막과 힘줄이 많아 육색이 짙고 향이 진하다. 불고기, 국거리, 장조림 등에 이용한다.

② **목심** : 운동량이 많은 부위로 고기결은 거칠고, 근육이 단단하며, 젤라틴을 많이 함유하고 있다. 불고기, 국거리 등으로 이용한다.

③ **등심** : 갈비뼈의 바깥쪽에 붙어 있는 살로, 마블링이 좋다. 등심을 썰었을 때 노란 떡심(황색 인대)이 있는 것이 특징이나 떡심이 적을수록 상급이다. 전골, 스테이크, 구이 등으로 이용한다.

④ 사태 : 사태는 다리뼈인 사골을 감싸고 있는 정강이 근육들을 말하는데, 앞사태와 뒷사태가 있고, 앞사태에서 상박살이 분할되고, 뒷사태에서 아롱사태와 뭉치사태가 분할된다. 운동량이 많은 부위로 특유의 쫄깃한 맛을 낸다. 육회, 장조림, 찜, 탕 등으로 이용한다.

⑤ 채끝 : 등심과 연결된 배최장근으로 육단면적이 크고 부드러우며 지방이 적다. 마블링이 좋아 스테이크로 많이 이용하며 불고기, 구이 등으로도 이용한다.

⑥ 안심 : 갈비뼈의 안쪽에 붙어 있는 살로 운동량이 적은 부위로 부드럽고 연하며, 지방이 적고 담백한 최고급 부위이다. 구이, 스테이크 등으로 이용한다.

⑦ 갈비 : 소는 13개의 갈비뼈를 가지고 있고 갈비뼈와 근막, 지방, 살로 이루어져 있어 단백질, 비타민, 칼슘 등 많은 영양소를 함유하고 있으며 풍부한 맛을 낸다. 찜, 구이, 탕 등으로 이용한다.

⑧ 양지 : 소의 앞가슴부터 복부 아래쪽 부위의 살로 결합조직이 많아 육질이 질기다. 탕, 국, 장조림 등으로 이용한다.

⑨ 우둔 : 소의 엉덩이 안쪽에 위치하고 있는 부위로 내부에 지방이 적고 살코기가 많아 육질이 연하다. 장조림, 불고기 등 다양한 요리에 이용된다.

⑩ 설도 : 설도는 소의 뒷다리 넓적다리 안쪽과 위에 붙어 있는 엉덩이 살로 지방이 적어 질긴 편이다. 육회, 불고기 등으로 이용한다.

(2) 소의 내장 명칭

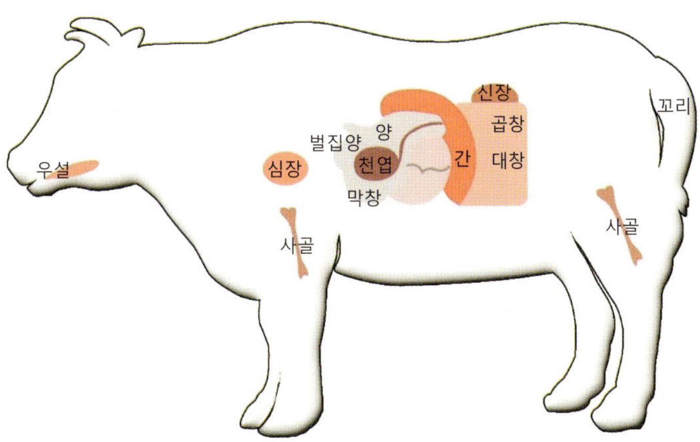

① **양** : 소의 첫 번째 위인 양은 4개의 위 중 80%를 차지하는 가장 큰 위로 큰 돌기가 있고, 양깃머리라고 하는 위를 지탱하고 있는 근육 조직이 있다. 단백질, 지방 등을 함유하고 있으며 비타민도 풍부하다. 전골, 구이 요리에 이용한다.

② **벌집양** : 소의 두 번째 위인 벌집양은 모양이 벌집처럼 생겼다고 하여 벌집양이라고 하는데, 소의 4개의 위 중에서 가장 작다.

③ **천엽** : 소의 세 번째 위인 천엽은 다른 위에 비하여 얇고 작은 돌기가 있다. 회로 먹거나, 전골요리 등에 이용한다.

④ **막창** : 소의 네 번째 위인 막창은 홍창이라고도 하며 칼슘이 많이 함유되어 있고, 고단백 저콜레스테롤 식품으로 탕이나 구이용으로 많이 사용된다.

⑤ **우설** : 우설은 소의 혀를 말하는 것으로, 단백질 함량이 높고, 비타민, 철분 등도 풍부하게 함유하고 있다. 부드러운 식감을 가지고 있으며, 편육, 찜, 조림 등에 이용한다.

⑥ **사골** : 사골은 소의 4개의 다리뼈를 말하며, 한 마리에 8개씩 있다. 콜라겐, 칼슘 등의 공급원으로 탕, 국 등의 재료로 이용한다.

⑦ **곱창** : 곱창은 소장을 말하고, 긴 관 모양으로 생겼으며, 전골, 구이 등에 이용한다.

⑧ **대창** : 대창은 소의 큰 창자로 특유의 냄새를 제거하고 조리하여야 하며, 전골, 탕 등에 이용한다.

⑨ **소꼬리** : 소꼬리는 소의 꼬리로 사골에 비해 국물이 담백하고 고소하여, 탕 요리에 주로 이용한다.

⑩ **신장** : 신장은 콩팥이라고도 하며, 지방이 적고 비타민 A, 비타민 B_2를 풍부하게 함유하고 있으며, 부드럽고 냄새도 적으며, 구이 등으로 이용한다.

⑪ **심장** : 소의 심장은 보통 염통이라고 부르며 조직이 단단하고, 지방함량이 적고 단백질 함량이 많다. 구이 등으로 이용한다.

⑫ **간** : 소간은 비타민, 철분 등이 풍부하여 빈혈에 도움이 되며, 생으로 먹기도 하고, 탕이나 수육 등에 이용한다.

(3) 미국산 소고기 등급 8단계

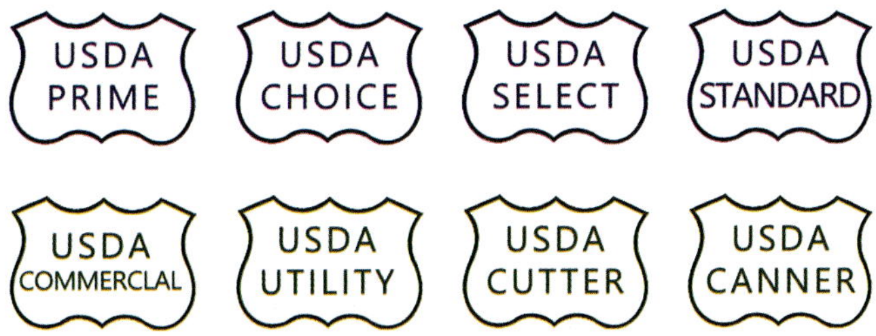

미국산 소고기 품질은 크게 8가지로 프라임, 초이스, 셀렉트, 스탠다드, 커머셜, 유틸리티, 커터, 캐너 8개 등급으로 나뉜다. 미국산 소고기의 품질 등급은 마블링이라 불리는 근내지방도와 성숙도로 결정되며, 모든 등급판정은 미국농무부(USDA)의 규정에 따라 결정된다.

미국산 소고기의 판정 요소는 고기의 육질과 육즙을 결정하는 마블링과 부드러움을 결정하는 성숙도, 고기색, 근육의 탄력도에 따라 결정된다.

2. 송아지 고기(Veal)

1년이 되기 전에 도축한 소의 고기로, 근섬유는 가늘고 수분이 많아 연하지만, 육즙이 적어 풍미는 덜하다. 보통 젖소 수송아지를 150~200kg 정도까지 키워 출하한다.

3. 돼지고기(Pork)

돼지고기는 6개월 정도 사육하여 무게 100~110kg 정도에서 도축한다. 돼지고기는 부위별로 육질의 차이가 커서 맛과 영양도 차이가 난다. 돼지고기는 연한 분홍색을 띠고 있으며, 소고기에 비하여 연하고 많은 지방질을 함유하고 있다. 돼지고기는 세계적으로 많이 소비되는 육류로 햄, 베이컨, 소시지 등으로 가공하여 이용하기도 한다.

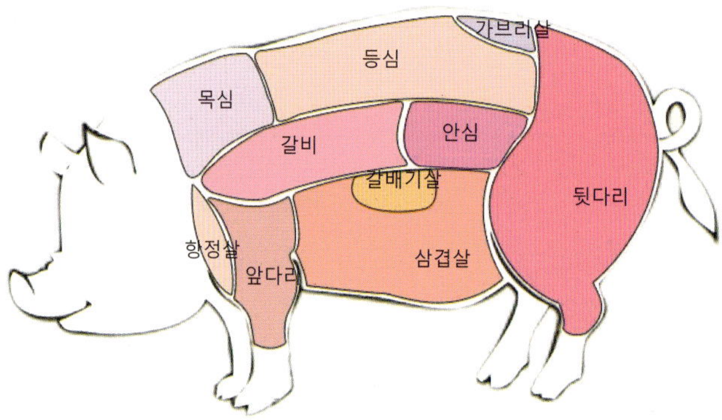

① **목심** : 등심에서 목으로 이어지는 부위로 여러 개의 근육들로 구성되어 있는 운동량이 많은 부위로 살의 결이 약간 거칠지만, 살코기와 지방의 비율이 적당하여 수육, 보쌈, 불고기, 구이 등으로 이용한다.

② **갈비** : 돼지의 갈비뼈로 이루어진 부위로 지방과 단백질이 잘 어우러져 있어 구이, 찜 등에 이용한다.

③ **항정살** : 돼지 목에서 어깨까지 이어져 있는 부위로 마블링이 좋아 부드럽고 씹는 맛이 쫄깃하여 구이, 찜 등으로 이용한다.

④ **앞다리** : 앞다리살은 운동량이 많은 부위로 근막과 결체조직이 많고, 지방은 적은편이다. 찌개나 국거리, 족발 등으로 이용하며 햄, 소시지 등 육가공품에 이용한다.

⑤ **등심** : 목심에서 등 쪽 중앙으로 이어지는 부위로 육질이 부드럽고 담백하다. 돈가스, 스테이크 등으로 이용한다.

⑥ **안심** : 안심은 지방이 적은 고단백질 부위로 맛이 담백하고 부드러워 구이, 전골 등에 이용한다.

⑦ **갈매기살** : 갈매기살은 갈비뼈 윗면을 가로지르는 횡격막근으로, 운동량이 많은 부위로 근막이 발달되어 있다. 주로 구이용으로 이용한다.

⑧ **가브리살** : 목심과 등심의 연결된 부분에 붙어 있는 살로 등겹살이라고도 한다. 삼겹살 보다 부드러우며 쫄깃한 식감을 가지고 있다. 주로 구이용으로 이용한다.

⑨ **삼겹살** : 삼겹살은 돼지 갈비에 붙어 있는 살로 살코기와 지방이 세 겹으로 겹쳐져 있는 것처럼 보인다고 하여 삼겹살이라고 한다. 서양에서는 선호도가 낮은 부위로 베이컨 등으로 가공하여 사용하나, 국내에서는 구이용으로 선호도가 높은 부위로 구이, 수육, 베이컨 등에 이용한다.

⑩ **뒷다리** : 앞다리는 전지, 뒷다리는 후지라고도 하며 살집이 두텁고 지방이 적은 편이다. 스페인 요리 '하봉'을 만드는데도 이용되며, 불고기, 상조림, 구이, 족발 등으로 이용한다.

4. 양고기(Lamb)

양고기는 근육섬유가 가늘고 찰지며 소화가 잘되나, 지방이 많고 낙산(뷰티르산)이 많아 특유의 냄새가 있어 향신료 등을 이용하여 조리한다. 생후 6~10주된 양고기는 베이비램(baby lamb), 생후 5~6개월까지는 스프링램(spring lamb), 생후 1년 미만인 어린양의 고기는 램(lamb)이라고 하며, 생후 12~20개월의 고기는 이얼링머튼(yearling mutton), 생후 20개월 이상 된 양고기는 머튼(mutton)이라고 한다.

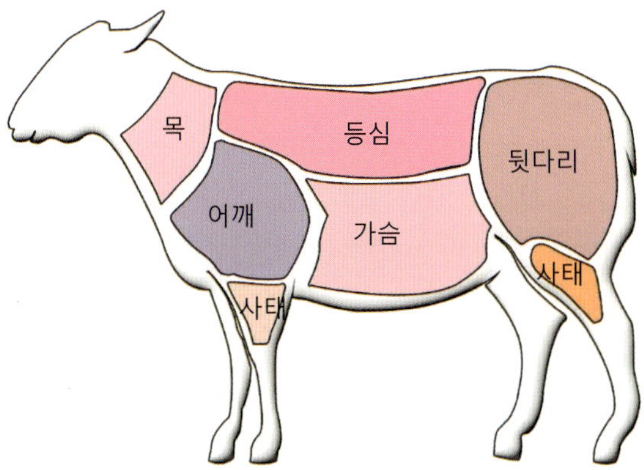

5. 닭고기(Chicken)

닭은 가장 흔한 가금류로 전 세계에서 1년에 약 660억 마리가 도축되어 식용되는 동물이다. 닭은 용도에 따라서 난용종, 육용종, 난육겸종, 애완종, 투계용으로 분류한다.

닭은 생후 5~6개월부터 하루에 하나 꼴로 계란을 생산하며, 계육의 지방 함량은 0.4%로 적고 맛이 담백하여 단백질 함량은 23.3%로 높아 훌륭한 단백질 공급원이 된다. 국내에서 사육하는 닭의 종류는 토종닭을 포함하여 매우 다양하다.

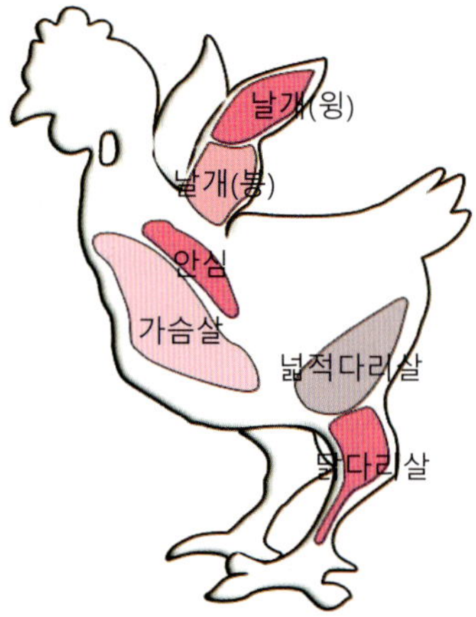

① **레그혼**(Leghorn)

이탈리아 원산의 산란용 닭 품종이다. 국내에서도 가장 널리 기르던 닭 품종이었으나, 하얀 달걀보다 갈색 달걀의 수요가 많아지면서 그 비중이 다소 줄어들었다.

② **플리머스록**(Plymouth Rock)

플리머스록은 1849년, 미국 매사추세츠 지방에서 외국종 수컷에 코친종이나 블랙자바 암컷을 교배시켜 개량된 난육겸종이다.

③ **뉴햄프셔**(New Hampshire)

뉴햄프셔는 미국의 뉴햄프셔 주에서 처음 개량된 종으로 난육겸종이다.

④ **미노르카밴텀**(Minorcas Bantam)

깃털은 검은색인 미노르카밴텀은 지중해 연안 일대에서 사육되어져 왔다. 스페인종과의 교잡종이며 난용종이다.

⑤ **안달루시안**(Andalusian)

원산지는 에스파냐 안달루시아이며 흰색 메노르카종(Menorca)과 검정색 메노르카종을 교배하여 영국에서 개량한 난용종이며, 애완종으로 기르기도 한다.

⑥ **토종닭**(Korean Native Chicken)

국내에서 서식하고 있는 재래 닭으로 닭목 꿩과의 한 품종이다. 난육겸종으로 사육한다.

⑦ **오골계**(Black Bone Chicken)

동남아시아가 원산지인 닭으로 오골계는 살, 가죽, 뼈 모두 어두운 자색을 띠고 있다.

6. 오리고기(Duck)

오리는 전 세계에 140여종이 분포하고 있으며, 북반구의 북부에서 번식하는 종들은 겨울에 남쪽으로 이동을 하며, 온대와 열대지방의 종들은 텃새로서 한 지역에서 서식한다.

오리고기는 다른 가금류보다 지방이 많고 껍질이 두꺼우며, 살은 닭고기보다 색이 진하고 풍미가 좋다. 오리고기는 불포화지방산과 단백질이 풍부하며, 다른 육류와 다르게 알칼리성 식품으로 몸의 산도를 낮춰주고 비타민, 칼슘, 철, 인 등을 많이 함유하고 있는 건강식품이다.

7. 거위(Goose)

거위는 야생 기러기를 길들여 식육용으로 개량한 가금류로, 거위고기는 특유의 누린내가 있어 조리 시 대파, 마늘, 생강과 같은 향채를 사용하여 조리한다. 육색은 연한 선홍색을 띠고 있으며, 단백질은 22~23%, 지방은 7% 정도 함유하고 있으며, 비타민 A, 비타민 B_1, 비타민 B_2, 비타민 B_6, 비타민 C, 비타민 E, 아연, 엽산, 인, 철, 칼륨 등의 영양소도 풍부하게 함유하고 있다. 특히 거위에게 먹이를 강제로 주입하여 만드는 거위간인 푸아그라(foie gras)는 캐비아(caviar), 송로버섯(truffle)과 함께 세계 3대 진미로 꼽기도 하나 동물학대라는 비난이 있기도 하다.

8. 칠면조고기(Turkey)

머리에서 목에 이르는 피부색이 7가지라 하여 칠면조라는 이름이 붙었다고 하는데, 북아메리카와 멕시코가 원산지로 오래 전부터 북아메리카의 원주민들에 의해 사육되어 왔으나 콜럼버스가 아메리카 대륙을 발견한 이후 전 세계에 보급되었다.

칠면조는 비타민 B_1, 비타민 B_2, 비타민 B_6 등이 있어 신진대사 촉진 및 동맥경화 예방 등에도 효과가 있고, 비타민 E 등 항산화 물질도 포함하고 있어 면역력 증강에도 도움을 준다. 그 외 칼슘, 인, 마그네슘 등도 함유하고 있으며, 단백질은 23% 정도 함유하고 있고 지방이 적다. 육질이 부드럽고 독특한 향이 있으며, 소화율이 좋아 주로 통째로 굽는 방법으로 조리하며, 추수감사절이나 성탄절 등 중요한 날에 많이 사용된다.

9. 육류 조리 용어

① 마리네이드(Marinade)

마리네이드는 고기나 생선을 조리하기 전에 조리할 재료에 향을 첨가하거나, 육류 특유의 냄새를 줄이거나, 연육작용을 위해 혹은 보존 기간을 늘리기 위해 마리네이드를 한다.

마리네이드는 재료에 향미와 수분, 지방 등을 공급하여 향미와 품질을 좋게 하기 위해 실시한다.

주재료에 따라 당근, 양파, 샬롯, 샐러리, 마늘, 파슬리 줄기, 타임, 월계수 잎, 로즈마리, 바질, 통후추, 정향, 소금, 올리브유, 식초, 레몬 등을 재료의 특성에 맞게 사용하여 마리네이드 한다.

② 바딩(Barding)

바딩은 요리용 실을 이용하여 육류를 묶는 방법으로, 덩어리 고기를 로스팅(roasting) 할 때 형태를 유지하기 위해 바딩을 하거나, 육류나 가금류를 룰라드(roulade)할 때 모양을 유지하기 위해 바딩을 한다. 경우에 따라 육류를 로스팅(roasting)할 때 표면이 마르는 것을 방지하기 위해 베이컨이나 지방 등으로 감싸 바딩을 하기도 한다.

③ 라딩(Larding)

라딩은 육류 내부에 돼지 기름을 바늘을 이용하여 주입하는 기술이다.

④ 고기 굽는 단계

레어(rare)는 고기의 중앙이 짙은 붉은 색으로 육즙이 풍부하고 매우 부드러운 상태이고, 미디움 레어(medium rare)는 중앙이 선명한 붉은 색을 띠고 육즙이 풍부하고 부드러운 상태이며, 미디움(medium)은 겉은 완전히 익어 있고, 중앙은 옅은 핑크빛을 띠는 상태로 부드러우면서 탄력이 있는 상태이고, 미디엄 웰던(medium well done)은 중앙이 옅은 핑크 빛과 회색의 중간이다. 웰던(well done)은 속까지 익은 단계로 육즙이 적고 단단하다.

10. 육류의 숙성(Aging of Meat)

육류는 도살된 후 시간이 경과함에 따라 근육조직의 pH가 낮아지고 신축성이 없어지고 굳는 현상이 나타나는 데 근육 내에 남아 있던 ADP의 분해로 산성화(pH가 낮아짐) 되어 사후경직이 일어난다. 동물의 크기나 온도에 따라 다르지만 일반적으로 6~24시간 동안은 심한 경직이 일어난다. 이때를 최대경직기라고 한다. 그 후 48~72시간 동안 휴지기를 거치고, 이후 고기 자체의 효소에 의해 근육단백질의 자기소화가 일어나서 pH가 상승되어 풍미가 증가하고, 육질이 다시 연화된다. 동물의 사후 경직을 통해 보존기간이 늘어난다.

Cuisine Word

ADP(Adenosine Di-Phosphate) : 모든 동물의 살아있는 세포에서 에너지 저장소 역할을 하는 분자. 동물이 사용하는 에너지의 최소 단위이다.

9. 조식

1. 조식(Breakfast)

조식(breakfast)은 아침에 먹는 식사를 의미한다. 영어로 'break'는 '깨다'라는 의미이고, 'fast' 는 '금식하다'라는 뜻으로 밤 동안의 금식을 깨는 것을 의미한다. 아침식사로는 위에 부담을 주지 않는 가벼운 음식으로 영양이 풍부한 계란요리를 많이 이용하며, 차 또는 커피로 시작해 과일주스, 시리얼, 계란프라이, 구운 베이컨, 구운 소시지 등을 먹는 데 일반적으로 토스트 등을 곁들여 먹는다.

조식의 종류로는 유럽식 아침식사(continental breakfast), 미국식 아침식사(american breakfast), 영국식 아침식사(english breakfast), 비엔나식 조식(vienna breakfast) 등이 있다.

(1) 유럽식 아침식사(Continental Breakfast)

유럽식 아침 식사는 미국식에 비하면 간단한 식사로, 각종 주스류와 조식용 빵과 커피나 홍차로 구성된 식사이다.

(2) 미국식 아침식사(American Breakfast)

유럽식 아침 식사에 달걀요리가 제공되며, 감자 요리와 햄, 베이컨, 소시지, 시리얼, 토스트 등 으로 구성된 식사이다.

(3) 영국식 아침식사(English Breakfast)

미국식 조식과 비슷하나 생선요리가 추가되는 것이 특징이다.

(4) 비엔나식 조식(Vienna Breakfast)

계란요리와 롤빵(rolls) 정도로 간단하게 구성되어 있다. 커피와 우유를 반씩 섞은 음료인 멜랑즈(melange)와 함께 먹는다.

2. 달걀요리(Egg dishes)

계란은 인체에 필요한 영양소를 고루 갖춘 완전식품으로 쉽게 구할 수 있어, 다양한 요리에 이용되는데, 흰자는 단백질이 주성분이고 노른자는 단백질과 지방이 주성분이다. 노른자에는 비타민 A, 비타민 B_2, 비타민 D, 비타민 E, 철분 등을 함유하고 있다.

(1) 포치드 에그(Poached Egg)

물의 비등점보다 조금 낮은 온도인 90℃ 정도의 물에 소금과 식초를 넣고 계란의 껍질을 제거하고 삶은 계란요리이다.

① **미숙 달걀**(Soft Boiled Egg)

계란을 끓는 물에 넣고 3~4분간 삶아 노른자를 1/3 정도 익히는 것이다.

② **반숙 달걀**(Medium Boiled Egg)

계란을 끓는 물에 넣고 5~6분간 삶아 노른자를 반 정도 익히는 것이다.

③ **완숙 달걀**(Hard Boiled Egg)

계란을 끓는 물에 넣고 8~9분간 삶아 노른자가 완전히 익은 것이다.

Cuisine Word

비등점(boiling point) : 액체의 표면과 내부에서 기포가 발생하면서 끓기 시작하는 데 액체는 온도가 변하지 않고 일정한 온도를 유지할 때 이 온도를 비등점이라고 한다. 외부의 압력이 높아질수록 비등점도 높아진다. 끓는점이라고도 한다.

(2) 보일드 에그(Boiled Egg)

끓는 물에서 계란을 깨지 않고 삶은 계란요리이다.

① **커들드 에그**(Coddled Egg)

끓는 물에 넣고 30초 정도 살짝 삶아진 달걀이다.

비등점 바로 아래인 93℃에 계란을 넣고 가볍게 익히는 것이다.

② **미숙 달걀**(Soft Boiled Egg)

계란을 끓는 물에 넣고 3~4분간 삶아 노른자를 1/3 정도 익히는 것이다.

③ **반숙 달걀**(Medium Boiled Egg)

계란을 끓는 물에 넣고 5~7분간 삶아 노른자를 반 정도 익히는 것이다.

④ **완숙 달걀**(Hard Boiled Egg)

계란을 끓는 물에 넣고 10~14분간 삶아 노른자가 완전히 익은 것이다.

(3) 달걀 프라이(Fried Egg)

계란의 껍질을 제거하고 프라이팬을 이용하여 계란을 익혀 만든다. 계란의 뒤집기 여부와 노른자의 익은 상태에 따라 분류할 수 있다.

① **서니 사이드 업**(Sunny Side Up)

프라이팬을 이용한 계란요리로 계란의 껍질을 제거하고 한쪽 면만을 살짝 익힌 계란요리로 해가 뜨는 모양 같아서 붙여진 이름이다.

② 오버 이지(Over Easy Egg)

프라이팬을 이용한 계란요리로 계란의 껍질을 제거하고 한쪽 면을 흰자만 반정도 익혀주고 뒤집어서 흰자만 익혀 만든 요리이다.

③ 오버 미디엄(Over Medium Egg)

오버 이지와 같은 방법으로 조리하며, 계란의 노른자를 반정도 익혀 만드는 요리이다.

④ 오버 하드(Over Hard Egg)

오버 이지와 같은 방법으로 조리하며, 계란의 흰자와 노른자 모두 익혀 만드는 요리이다.

(4) 스크램블 에그(Scrambled Egg)

계란을 깨서 우유나 생크림을 약간 넣고 잘 섞은 다음 팬에 식용유나 버터를 두르고 계란을 빠르게 휘저어서 만든 계란요리이다.

(5) 오믈렛(Omelet)

계란의 껍질을 제거하고 스크램블 에그처럼 만들다가 프라이팬을 이용하여 타원형으로 만든 요리이다. 속재료를 넣지 않고 계란만으로 만든 것을 플레인 오믈렛(plain omelet)이라고 하고, 속에 재료를 채워 만드는 치즈 오믈렛, 스패니쉬 오믈렛 등이 있다.

(6) 에그 베네딕트(Egg Benedictine)

에그 베네딕트는 구운 잉글리시 머핀에 햄(ham), 포치드 에그(poached egg)를 얹고 홀랜다이즈 소스(hollandaise sauce)를 뿌린 미국 샌드위치 요리의 한 종류이다.

10. 감자 조리

감자는 서양요리에서 중요한 탄수화물 공급원으로 감자 100g에는 탄수화물 19g, 단백질 2g, 비타민과 철분, 칼륨, 요오드 등의 무기질을 함유하고 있으며, 감자 100g은 86kcal의 열량을 가지고 있다. 감자는 중요한 식재료로 다양한 요리에 이용되고 있으며, 육류요리나 가금류, 생선요리에 곁들임으로 이용하기도 한다.

(1) 더치스 포테이토(Duchess Potato)

더치스 포테이토는 감자를 삶아 체에 내려 소금, 후추, 달걀노른자, 다진 타임(thyme) 등을 넣고, 짤주머니에 넣어 모양 있게 짠 다음 달걀 노른자 등을 발라 오븐에 구워 완성한다.

육류요리나 가금류요리 등에 곁들인다.

(2) 안나 포테이토(Anna Potato)

안나 포테이토는 감자의 껍질을 벗기고 링커터를 이용하여 지름 3~4cm 정도로 만들어 두께 0.2cm 정도로 슬라이스하여 기름에 살짝 튀긴 후 원형의 틀에 감자를 돌려가며 겹겹으로 쌓으면서 모양을 만들어 오븐에서 갈색이 나게 구워 완성한다.

육류요리의 곁들임 등으로 활용한다.

(3) 로스티 포테이토(Roesti Potato)

뢰스티(rösti)는 감자의 껍질을 벗기고 굵은 강판으로 갈아 양파, 베이컨, 햄, 치즈, 허브 등을 넣고 감자 팬케이크처럼 둥근 모양으로 만들어 앞뒤로 바삭하게 익혀주고, 버터 등을 넣어 연한 갈색으로 익혀서 만든다. 간단한 재료로 만들 수 있는 스위스 전통 가정식 요리이다.

간단한 아침식사 등으로 활용한다.

(4) 도피누아즈 포테이토(Dauphinoise Potato)

도피누아즈 포테이토는 감자그라탱이라고도 한다. 감자의 껍질을 벗기고 0.2cm 정도의 두께로 썰어 베샤멜 소스에 익혀주고, 몰드 또는 적당한 용기에 베샤멜 소스에 익힌 감자와 치즈를 한층 한층 교대로 넣고 마지막에 치즈 가루와 파슬리 가루를 뿌려 오븐에서 연한 갈색이 나도록 굽는다.

육류요리, 가금류요리, 생선요리 등에 곁들임으로 활용한다.

(5) 퐁당트 포테이토(Fondante Potato)

감자는 작은 보일드 감자(boiled potato) 모양으로 만들어, 버터를 넣고 팬에서 연한 갈색이 나도록 구운 후, 적당한 용기에 버터와 다진 파슬리 등을 올리고 스톡을 붓고, 오븐에서 익혀 만든다.

육류요리, 가금류요리, 생선요리 등에 곁들임으로 활용한다.

수험자 유의사항

1. 만드는 순서에 유의하며, 위생과 숙련된 기능평가를 위하여 조리작업 시 맛을 보지 않습니다.
2. 지정된 수험자 지참 준비물 이외의 조리기구나 재료를 시험장 내에 지참할 수 없습니다.
3. 지급 재료는 시험 전 확인하여 이상이 있을 경우 시험위원으로부터 조치를 받고 시험 중에는 재료의 교환 및 추가 지급은 하지 않습니다.
4. 요구사항의 규격은 '정도'의 의미를 포함하며, 지급된 재료의 크기에 따라 가감하여 채점합니다.
5. 위생복, 위생모, 앞치마를 착용하여야 하며, 시험장비·조리도구 취급 등 안전에 유의합니다.
6. 다음 사항에 대해서는 채점 대상에서 제외하니 특히 유의하시기 바랍니다.

   ㈎ 기권 : 수험자 본인이 시험 도중 시험에 대한 포기 의사를 표현하는 경우

   ㈏ 실격

   ① 가스레인지 화구 2개 이상(2개 포함) 사용한 경우

   ② 불을 사용하여 만든 조리 작품이 작품 특성에 벗어나는 정도로 타거나 익지 않은 경우

   ③ 위생복, 위생모, 앞치마를 착용하지 않은 경우

   ④ 시험 중 시설·장비(칼, 가스레인지 등) 사용 시 시험위원 및 타수험자의 시험 진행에 위해를 일으킬 것으로 시험위원 전원이 합의하여 판단한 경우

   ㈐ 미완성

   ① 시험시간 내에 과제 두 가지를 제출하지 못한 경우

   ② 문제의 요구사항대로 과제의 수량이 만들어지지 않은 경우

   ㈑ 오작

   ① 구이를 조림 등으로 조리하여 완성품을 요구사항과 다르게 만든 경우

   ② 해당 과제의 지급 재료 이외의 재료를 사용하거나 석쇠 등 요구사항의 조리도구를 사용하지 않은 경우

   ㈒ 요구사항에 표시된 실격, 미완성, 오작에 해당하는 경우
7. 항목별 배점은 위생상태 및 안전관리 5점, 조리기술 30점, 작품의 평가 15점

PART Ⅲ

PART Ⅲ

양식조리기능사 실기

01 쉬림프 카나페

요구사항

※ 주어진 재료를 사용하여 다음과 같이 쉬림프 카나페를 만드시오.

① 새우는 내장을 제거한 후 미르포아(Mirepoix)를 넣고 삶아서 껍질을 제거하시오.

② 달걀은 완숙으로 삶아 사용하시오.

③ 식빵은 직경 4cm 정도의 원형으로 하고, 쉬림프 카나페는 4개 제출하시오.

지급 재료

재료	분량	재료	분량
새우	4마리	흰 후춧가루	2g
식빵	1조각	레몬	1/8개
달걀	1개	이쑤시개	1개
파슬리	1줄기	당근	15g
버터	30g	셀러리	15g
토마토케첩	10g	양파	1/8개
소금	5g		

만드는 법

① 냄비에 소금을 넣고 달걀이 잠기도록 물을 부은 다음, 주걱으로 물을 돌려가며 노른자가 중앙에 오도록 15분 정도 삶은 후 찬물에 식혀 놓는다.

② 파슬리는 찬물에 담가 잎이 싱싱해지도록 한다.

③ 식빵 테두리를 제거한 뒤 4등분으로 잘라 가장자리를 원형 모양으로 다듬으며 지름 4cm가 되도록 만든다.

④ 미르포아용 양파, 당근, 셀러리는 채 썬다. 레몬즙을 짜고 껍질은 미르포아용으로 사용한다.

⑤ 새우는 머리부터 두 번째 마디에서 내장을 이쑤시개로 제거한다.

⑥ 냄비에 새우 삶을 물을 올려 준비한 미르포아 재료를 넣고 끓으면 새우를 삶는다.

⑦ 케첩에 소금, 흰 후춧가루, 레몬즙을 섞어 소스를 만든다. 파슬리는 물기를 제거한 후 잎만 떼어서 준비한다.

⑧ 잘라 놓은 식빵은 달구어진 후라이팬에 말리듯 갈색으로 굽는다.

⑨ 삶아 놓은 새우는 껍질을 벗기고 등 부분에 칼집을 낸 뒤 세워질 수 있도록 준비한다.

⑩ 삶아 둔 달걀 껍데기를 벗겨 0.5cm 원형으로 부서지지 않게 썬다.

⑪ 토스트 한 빵 위에 버터를 바르고 달걀, 새우, 토마토케첩, 파슬리로 장식하여 마무리한다.

Check Point

토스트 한 빵 눅눅해지지 않게 식히기

재료 손질

재료 사진

재료 손질 사진

주요 과정

새우 내장 손질하기

재료 삶기

식빵 굽기

식빵 위에 달걀, 새우, 케첩, 파슬리 올리기

02 스페니쉬 오믈렛

요구사항

※ 주어진 재료를 사용하여 다음과 같이 스페니쉬 오믈렛을 만드시오.

① 토마토, 양파, 청피망, 양송이, 베이컨은 0.5cm 정도의 크기로 썰어 오믈렛 소를 만드시오.

② 소가 흘러나오지 않도록 하시오.

③ 소를 넣어 나무젓가락과 팬을 이용하여 타원형으로 만드시오.

지급 재료

토마토	1/4개	검은 후춧가루	2g
양파	1/6개	소금	5g
청피망	1/6개	달걀	3개
양송이	10g	식용유	20mL
베이컨	1/2조각	버터	20g
토마토케첩	20g	생크림	20mL

만드는 법

① 냄비에 토마토 데칠 물을 올린다.

② 양파, 양송이, 피망, 베이컨을 사방 0.5cm 정도 크기로 썬다.

③ 물이 끓으면 소금을 넣고 토마토를 데친다. 데친 토마토는 껍질과 씨를 제거한 후 0.5cm 정도로 다진다.

④ 팬에 버터를 넣고 녹인 다음, 준비해둔 베이컨, 양파, 양송이, 피망, 토마토 순으로 볶다가 케첩을 넣어 볶아주고 소금, 후추로 간한다.

⑤ 달걀 3개를 소금과 생크림을 넣고 잘 섞은 뒤 체에 내린다.

⑥ 팬에 식용유 두르고 가열한 뒤, 버터를 녹여 달걀 물 부어 스크램블드에그를 만든다.

⑦ 달걀 중앙에 소를 넣고 가장자리 접어 팬 밖으로 밀어가며 타원형 모양을 만들어 완성한다.

Check Point

베이컨은 키친타올 위에 올려 기름을 빼준다.
계란은 교차오염 방지를 위하여 분리 보관한다.

재료 손질

재료 사진

재료 손질 사진

주요 과정

재료 0.5cm 크기로 썰기

썰어놓은 재료 볶기

달걀 체에 내리기

오믈렛 만들기

03 치즈 오믈렛

요구사항

※ 주어진 재료를 사용하여 다음과 같이 치즈 오믈렛을 만드시오.

① 치즈는 사방 0.5cm 정도로 자르시오.

② 치즈가 들어가 있는 것을 알 수 있도록 하고, 익지 않은 달걀이 흐르지 않도록 만드시오.

③ 나무젓가락과 팬을 이용하여 타원형으로 만드시오.

지급 재료

달걀	3개	식용유	20mL
치즈	1장	생크림	20mL
버터	30g	소금	2g

만드는 법

① 치즈는 0.5cm 정도 크기로 자른다.

② 달걀 3개를 소금, 생크림을 넣고 체에 내린다.

③ 팬에 식용유를 두르고 가열한 뒤, 버터를 녹여 달걀과 치즈 1/2 섞은 것을 부은 다음 스크램블 에그를 만든다.

④ 달걀 중앙에 남은 치즈 1/2개를 놓고 가장자리부터 오므리면서 팬 밖으로 밀어가며 타원형 모양을 만들어 완성한다.

⑤ 완성된 오믈렛을 접시에 놓는다.

재료 손질

재료 사진

재료 손질 사진

주요 과정

치즈 0.5cm 자르기

달걀 체에 내리기

스크램블 에그 만들기

오믈렛 만들기

04 월도프 샐러드

요구사항

※ 주어진 재료를 사용하여 다음과 같이 월도프 샐러드를 만드시오.

① 사과, 셀러리, 호두알을 1cm 정도의 크기로 써시오.

② 사과의 껍질을 벗겨 변색되지 않게 하고, 호두알의 속껍질을 벗겨 사용하시오.

③ 상추 위에 월도프샐러드를 담아내시오.

지급 재료

재료	분량	재료	분량
사과	1개	흰 후춧가루	1g
셀러리	30g	마요네즈	60g
호두	2개	양상추	20g
레몬	1/4개	이쑤시개	1개
소금	2g		

만드는 법

① 물을 끓여 호두는 불리고 양상추는 찬물에 담가둔다.

② 셀러리는 섬유질을 제거하고, 사방 1cm 크기로 썬다.

③ 불린 호두는 이쑤시개를 사용하여 속껍질을 제거한 뒤, 1cm 크기로 자른다.

④ 레몬즙을 준비하고 양상추는 물기를 제거하여 적당한 크기로 준비한다.

⑤ 마요네즈, 소금, 흰 후춧가루, 레몬즙을 섞어 소스를 만들어 놓는다.

⑥ 사과는 껍질 제거 후 사방 1cm 크기로 썰어 레몬 물에 담근다.

⑦ 볼에 물기 제거한 사과와 호두, 셀러리, 소스를 넣고 버무린다.

⑧ 접시에 상추를 놓고 호두가 위에 보일 수 있도록 담는다.

재료 손질

재료 사진

재료 손질 사진

주요 과정

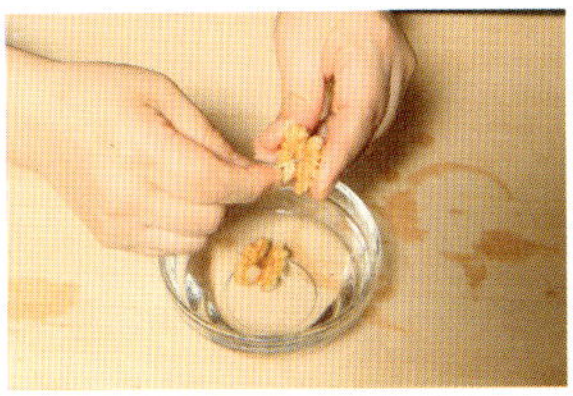

호둣속 껍질 벗기기

사과, 셀러리, 호두 1cm 크기로 자르기

사과를 설탕물에 담그기

재료와 마요네즈 소스 섞기

05 포테이토 샐러드

요구사항

※ 주어진 재료를 사용하여 다음과 같이 포테이토 샐러드를 만드시오.

① 감자는 껍질을 벗긴 후 1cm 정도의 정육면체로 썰어서 삶으시오.

② 양파는 곱게 다져 매운맛을 제거하시오.

③ 파슬리는 다져서 사용하시오.

지급 재료

감자	1개	소금	5g
양파	1/6개	흰 후춧가루	1g
파슬리	1줄기	마요네즈	50g

만드는 법

① 냄비에 감자 삶을 물을 올려놓고, 파슬리는 찬물에 담근다.

② 감자는 껍질 벗겨 사방 1cm 크기로 자른 뒤에 찬물에 담가 전분을 없애고, 끓는 물에 소금을 넣어 3분 정도 삶는다.

③ 준비한 양파를 곱게 다지고 소금에 절여 면포로 물기를 제거한다.

④ 파슬리는 곱게 다지고 면포에 싸서 물에 헹군 뒤 고슬고슬할 정도로 물기를 제거한다.

⑤ 감자와 양파는 소금, 후추, 마요네즈 , 파슬리 가루를 넣고 버무린다.

⑥ 접시에 완성된 샐러드를 올린다.

재료 손질

재료 사진

재료 손질 사진

주요 과정

감자 1cm 크기로 썰기

감자 삶기

양파 곱게 다지기

감자와 마요네즈 소스 섞기

06 BLT 샌드위치

요구사항

※ 주어진 재료를 사용하여 다음과 같이 베이컨, 레터스, 토마토 샌드위치를 만드시오.

① 빵은 구워서 사용하시오.

② 토마토는 0.5cm 정도의 두께로 썰고, 베이컨은 구워서 사용하시오.

③ 완성품은 4조각으로 썰어 전량을 제출하시오.

지급 재료

식빵 ··· 3조각	마요네즈 ··· 30g
양상추 ··· 20g	소금 ··· 3g
토마토 ··· 1/2개	검은 후춧가루 ··· 1g
베이컨 ··· 2조각	

만드는 법

① 식빵은 약한 불로 양면을 노릇하게 구워 놓는다.

② 양상추는 찬물에 담근다.

③ 토마토는 0.5cm 정도 두께로 썰고, 소금을 살짝 뿌린 후에 다시 한 번 뒤집어서 수분을 제거한다.

④ 베이컨은 후추를 뿌려 팬에 살짝 굽고, 기름기를 제거한다.

⑤ 구운 빵에 마요네즈를 발라놓는다.

⑥ 마요네즈를 바른 면을 위로 놓고 양상추, 베이컨을 얹은 다음, 다시 마요네즈를 바른 식빵을 올려 양상추, 토마토를 올리고 끝으로 남은 식빵을 올린다.

⑦ 샌드한 빵을 살짝 눌러 가장자리를 자르고, 4등분하여 접시에 가지런히 담아낸다.

재료 손질

재료 사진

재료 손질 사진

주요 과정

식빵 토스트 하기

베이컨 굽기

빵 속에 재료 얹고 가장자리 썰기

4등분으로 자르기

07 햄버거 샌드위치

요구사항

※ 주어진 재료를 사용하여 다음과 같이 햄버거 샌드위치를 만드시오.

① 빵은 버터를 발라 구워서 사용하시오.

② 고기는 미디움 웰던(medium-wellden)으로 굽고, 구워진 고기의 두께는 1cm 정도로 하시오.

③ 토마토, 양파는 0.5cm 정도의 두께로 썰고 양상추는 빵 크기에 맞추시오.

④ 샌드위치는 반으로 잘라 내시오.

지급 재료

소고기	100g	양상추	20g
양파	1개	토마토	1/2개
빵가루	30g	버터	15g
셀러리	30g	햄버거 빵	1개
소금	3g	식용유	20mL
검은 후춧가루	1g	달걀	1개

만드는 법

① 양상추는 깨끗이 씻어서 찬물에 담그고, 햄버거 빵은 절단면에 버터를 발라 토스트 한다.

② 토마토는 0.5cm 두께로 잘라 소금을 뿌려서 수분을 제거하고, 양파는 원형으로 0.5cm 두께로 자르고 남은 것은 다진다. 셀러리는 섬유질을 제거하고 곱게 다진다.

③ 소고기는 핏물, 힘줄, 기름기를 제거하고 곱게 다진다.

④ 마른 팬에 양파, 셀러리를 볶아 수분을 제거한다.

⑤ 소고기와 볶은 양파, 셀러리, 소금, 후춧가루, 달걀 물, 빵가루를 넣고 치댄다.

⑥ 치댄 고기 반죽을 빵의 직경 크기보다 1cm 정도 크게 만든다.

⑦ 고기를 팬에 타지 않게 잘 익힌다.

⑧ 햄버거 빵의 토스트 한 면에 버터를 조금 바르고 상추를 올린 뒤 고기, 양파, 토마토, 빵 순서로 올려서 완성한다.

⑨ 완성된 햄버거 샌드위치를 반으로 잘라서 보기 좋게 접시에 담는다.

재료 손질

재료 사진

재료 손질 사진

주요 과정

햄버거 빵 굽기

다진 양파 볶기

고기 굽기

빵 속에 재료 넣기

08 브라운 그래비 소스

요구사항

※ 주어진 재료를 사용하여 다음과 같이 브라운 그래비 소스를 만드시오.

① 브라운 루(brown roux)를 만들어 사용하시오.

② 소스의 양은 200mL 이상 만드시오.

지급 재료

재료	양	재료	양
밀가루	20g	셀러리	20g
브라운 스톡	300mL	당근	40g
소금	2g	토마토 페이스트	30g
검은 후춧가루	1g	월계수 잎	1장
버터	30g	정향	1개
양파	1/6개		

만드는 법

① 당근, 양파, 셀러리를 적당한 크기로 채 썰고, 월계수 잎과 정향으로 부케가르니를 만든다.

② 팬에 버터 넣고 채 썬 양파를 볶아 진한 갈색이 나면 당근, 셀러리를 넣고 볶는다.

③ 냄비에 버터를 녹이고 밀가루를 동량으로 넣어 진한 갈색이 날 때까지 볶아 브라운 루(brown roux)를 만든다.

④ 브라운 루(brown roux)에 토마토 페이스트를 볶아 신맛을 제거하고 볶아 놓은 채소를 넣고 스톡을 조금씩 부어가며 풀어준다.

⑤ 멍울 없이 잘 푼 다음, 부케가르니를 넣고 약한 불에서 끓인다.

⑥ 기름과 거품을 제거하고 부케가르니를 건지고, 소금, 후춧가루로 간을 하고 체에 거른다.

⑦ 완성 그릇에 200mL 이상 소스를 담는다.

재료 손질

재료 사진

재료 손질 사진

주요 과정

채를 썬 채소 볶기

브라운 루 만들기

채소와 브라운 루 섞기

끓이기

09 포테이토 크림수프

요구사항

※ 주어진 재료를 사용하여 다음과 같이 포테이토 크림수프를 만드시오.

① 크루톤(crouton)의 크기는 사방 0.8cm ~ 1cm 정도로 만들어 버터에 볶아 수프에 띄우시오.

② 익힌 감자는 체에 내려 사용하시오.

③ 수프의 색과 농도에 유의하고 200mL 이상 제출하시오.

지급 재료

재료	분량	재료	분량
감자	1개	생크림	20mL
대파	1토막	식빵	1조각
양파	1/4개	소금	2g
버터	15g	흰 후춧가루	1g
치킨 스톡	270mL	월계수 잎	1장

만드는 법

① 식빵은 사방 0.8~1cm 크기로 자른 뒤 버터를 녹인 팬에 갈색이 나도록 구워 크루톤(crouton)을 만든다.
② 감자는 깨끗이 씻어 껍질을 벗기고, 얇게 썰어 찬물에 담가 전분을 빼놓는다.
③ 양파와 대파 흰 부분만 곱게 채 썬다.
④ 채 썬 감자를 건져서 물에 씻어 체에 밭쳐놓고, 냄비에 버터를 두르고 양파, 대파를 볶는다.
⑤ 볶은 양파, 대파에 감자를 넣고 색이 나지 않도록 볶는다.
⑥ 볶은 채소에 물을 붓고, 월계수 잎을 넣고 끓인다. 중간에 거품을 제거하면서 감자를 충분히 익힌다. 감자가 다 익으면 월계수 잎은 건져내고 체에 내린다.
⑦ 체에 내린 감자는 냄비에 살짝 끓여 소금, 흰 후춧가루, 생크림을 넣어 색과 농도를 맞춘다.
⑧ 완성 그릇에 수프를 200mL 이상 담고, 크루톤(crouton)을 띄워 제출한다.

재료 손질

재료 사진

재료 손질 사진

주요 과정

크루톤 만들기

감자 볶아 삶기

삶은 감자 체에 내리기

생크림 넣어 끓이기

10 비프 콘소메

요구사항

※ 주어진 재료를 사용하여 다음과 같이 비프 콘소메를 만드시오.

① 어니언 브루리(onion brulee)를 만들어 사용하시오.

② 양파를 포함한 채소는 채 썰어 향신료, 소고기, 달걀흰자 머랭과 함께 섞어 사용하시오.

③ 수프는 맑고 갈색이 되도록 하여 200mL이상 제출하시오.

지급 재료

소고기	70g	검은 통후추	1개
양파	1개	파슬리	1줄기
당근	40g	월계수 잎	1장
셀러리	30g	토마토	1/4개
달걀	1개	비프 스톡(육수)	500mL
소금	2g	정향	1개
검은 후춧가루	2g		

만드는 법

① 소고기는 핏물을 제거하여 곱게 다지고 양파, 당근, 셀러리는 채 썬다.

② 파슬리 줄기, 월계수 잎, 정향, 검은 통후추로 부케가르니를 만들어 준비한다.

③ 토마토는 끓는 물에 콩카세하여 껍질과 씨를 제거하고 다진다.

④ 냄비에 채 썬 양파 1/2을 넣고 타지 않도록 물을 조금씩 넣어가며 진한 갈색의 어니언 브루리(onion brulee)를 만든다.

⑤ 달걀흰자를 분리하여 흐르지 않을 정도로 머랭을 만든다.

⑥ 머랭에 채를 썬 채소와 다진 고기, 토마토를 넣고 가볍게 섞는다.

⑦ 냄비에 물을 붓고 어니언 브루리(onion brulee), 머랭과 섞은 채소, 부케가르니를 넣고 끓인다.

⑧ 끓어오르면 가운데 구멍을 뚫고 불을 중간 불로 줄여준다.

⑨ 국물이 맑게 끓여지면 소금, 후춧가루로 간을 하여 면포에 거르고 그릇에 200mL 이상 담아낸다.

재료 손질

재료 사진

재료 손질 사진

주요 과정

양파 볶기

머랭 만들기

달걀, 채소, 소고기 섞기

스프 끓이기

11 타르타르 소스

요구사항

※ 주어진 재료를 사용하여 다음과 같이 타르타르 소스를 만드시오.

① 다지는 재료는 0.2cm 정도의 크기로 하고 파슬리는 줄기를 제거하여 사용하시오.

② 소스는 농도를 잘 맞추어 100mL이상 제출하시오.

지급 재료

재료	분량	재료	분량
마요네즈	70g	소금	2g
오이 피클	1/2개	흰 후춧가루	2g
양파	1/10개	레몬	1/4개
파슬리	1줄기	식초	2mL
달걀	1개		

만드는 법

① 냄비에 소금을 넣고 달걀이 잠기도록 물을 부은 다음 15분 정도 삶은 후 찬물에 식혀 놓는다.

② 양파를 0.2cm 크기로 잘게 다져서 소금물에 담근다. 피클도 0.2cm 크기로 다진다.

③ 파슬리는 잎만 곱게 다진 후 면포에 감싸 찬물에 여러 번 헹구고 꽉 짜서 키친타올 위에 올려 말려둔다.

④ 레몬은 섬유질과 씨를 제거하고 체에 밭쳐 즙을 만든다. 절여진 양파는 체에 걸러 물기를 제거한다.

⑤ 삶은 달걀은 흰자, 노른자를 분리하여 흰자는 잘게 다지고 노른자는 체에 내린다.

⑥ 볼에 다져 놓은 모든 재료와 마요네즈, 소금, 후추, 레몬즙, 파슬리 가루를 섞어 완성 그릇에 100mL 이상 담아낸다.

재료 손질

재료 사진

재료 손질 사진

주요 과정

양파 다지기

오이 피클 다지기

재료 섞기

소스 완성하기

12 브라운 스톡

요구사항

※ 주어진 재료를 사용하여 다음과 같이 브라운 스톡을 만드시오.

① 스톡은 맑고 갈색이 되도록 하시오.

② 소뼈는 찬물에 담가 핏물을 제거한 후 구워서 사용하시오.

③ 향신료로 사세 데피스(sachet d'epice)를 만들어 사용하시오.

④ 완성된 스톡의 양이 200mL이상 되도록 하여 볼에 담아내시오.

지급 재료

재료	분량	재료	분량
소뼈	150g	월계수 잎	1장
양파	1/2개	정향	1개
당근	40g	버터	5g
셀러리	30g	식용유	50mL
검은 통후추	4개	면실	30cm
토마토	1개	다임	2g
파슬리	1줄기	다시 백	1개

만드는 법

① 소뼈는 찬물에 담가 핏물을 빼준다.

② 냄비에 물을 올려 끓으면 토마토를 십자로 칼집 넣어 데친다.

③ 파슬리 줄기, 정향, 통후추, 월계수 잎으로 사세 데피스(sachet d'epice)를 만들어 면실로 묶어준다.

④ 양파, 당근, 셀러리는 채 썰고, 데친 토마토는 씨와 껍질을 제거하고 굵게 다진다.

⑤ 핏물 제거한 소뼈는 붙어 있는 살과 지방을 칼끝으로 긁어 제거한다. 팬에 식용유 두르고 뼈가 갈색이 날 때까지 중간 불로 굽는다.

⑥ 냄비에 버터를 녹이고 양파를 볶다가 물을 조금씩 넣어가며 진한 갈색으로 볶아주고 당근, 셀러리, 토마토를 넣어 볶아준다.

⑦ 볶아진 채소에 구운 뼈, 물 , 사세데피스를 넣고 끓인다.

⑧ 중간 불로 조절하며 기름과 거품을 제거한다.

⑨ 젖은 면포에 완성된 스톡을 거르고 200mL 이상 그릇에 담아낸다.

재료 손질

재료 사진

재료 손질 사진

주요 과정

소뼈 핏물제거하기

소뼈 굽기

채소 볶기

스톡 끓이기

13 프렌치 어니언 수프

요구사항

※ 주어진 재료를 사용하여 다음과 같이 프렌치 어니언 수프를 만드시오.

① 양파는 5cm 크기의 길이로 일정하게 써시오.

② 바게트 빵에 마늘, 버터를 발라 구워서 따로 담아내시오.

③ 수프의 양은 200mL 이상 제출하시오.

지급 재료

재료	양	재료	양
양파	1개	파마산 치즈가루	10g
바게트 빵	1조각	백포도주	15mL
버터	20g	마늘	1쪽
소금	2g	파슬리	1줄기
검은 후춧가루	1g	맑은 스톡	270mL

만드는 법

① 양파를 손질하여 5cm 길이로 가늘게 채 썬다.

② 파슬리를 다져서 찬물에 헹궈서 물기를 꼭 짜고, 마늘은 곱게 다진다.

③ 버터에 다진 마늘, 파슬리 가루, 소금 소량을 넣고 섞어 바게트에 발라 팬에 굽는다.

④ 냄비에 채 썬 양파를 볶다가 물을 조금씩 넣어가며 진한 갈색으로 볶는다.

⑤ 볶은 양파에 백포도주를 넣어 마저 볶은 뒤 물을 붓고 강한 불로 끓이다가 약한 불로 줄인다.

⑥ 끓이고 있는 수프의 거품을 제거하고 소금, 후추로 간을 하여 그릇에 담는다.

⑦ 바게트는 파마산 치즈가루를 뿌려 따로 준비된 그릇에 담아 제출한다.

재료 손질

재료 사진

재료 손질 사진

주요 과정

양파 채 썰기

마늘빵 준비하기

양파 볶기

수프 끓이기

14 미네스트로니 수프

요구사항

※ 주어진 재료를 사용하여 다음과 같이 미네스트로니 수프를 만드시오.

① 채소는 사방 1.2cm, 두께 0.2cm 정도로 써시오.

② 스트링 빈스, 스파게티는 1.2cm 정도의 길이로 써시오.

③ 국물과 고형물의 비율을 3:1로 하시오.

④ 전체 수프의 양은 200mL 이상으로 하고 파슬리 가루를 뿌려내시오.

지급 재료

재료	분량	재료	분량
양파	1/4개	토마토 페이스트	15g
셀러리	30g	파슬리	1줄기
당근	40g	베이컨	1/2조각
무	10g	마늘	1쪽
양배추	40g	소금	2g
버터	5g	검은 후춧가루	2g
스트링 빈스	2줄기	치킨 스톡	200mL
완두콩	5알	월계수 잎	1장
토마토	1/8개	정향	1개
스파게티	2가닥		

만드는 법

① 냄비에 물을 끓이다가 소금을 넣어 토마토를 살짝 데친다. 1.2cm 정도로 썬 스트링 빈스, 완두콩을 데쳐내고 스파게티 면을 넣어 12분간 삶는다.

② 마늘은 곱게 다지고 양파, 당근, 셀러리, 무, 양배추, 삶은 스파게티면, 베이컨을 사방 1.2cm 크기로 썰고 데친 토마토의 껍질과 씨를 제거하고 다진다.

③ 냄비에 버터를 두르고 마늘을 볶다가 베이컨, 양파, 당근, 셀러리, 무, 양배추, 토마토를 넣고 볶는다.

④ 볶아진 채소에 토마토 페이스트를 넣고 신맛이 없어지도록 볶는다. 치킨 스톡 200mL, 부케가르니, 파스타면을 넣고 끓인다.

⑤ 파슬리는 잎만 곱게 다져서 물에 헹구고 물기를 제거한다.

⑥ 수프가 끓으면 기름, 거품을 제거하고 부케가르니는 건져내고 소금, 후춧가루로 간을 하여 수프를 완성한다.

⑦ 완성된 수프는 200mL 이상 담아 파슬리 가루를 뿌린다.

재료 손질

재료 사진

재료 손질 사진

주요 과정

스파게티 삶기

채소 썰기

채소 볶기

치킨 스톡 넣고 끓이기

15 피시차우더 수프

요구사항

※ 주어진 재료를 사용하여 다음과 같이 피시차우더 수프를 만드시오.

① 차우더 수프는 화이트 루(roux)를 이용하여 농도를 맞추시오.

② 채소는 0.7cm×0.7cm×0.1cm, 생선은 1cm×1cm×1cm 정도 크기로 써시오.

③ 대구 살을 이용하여 생선 스톡을 만들어 사용하시오.

④ 수프는 200mL 이상 제출하시오.

지급 재료

재료	분량	재료	분량
대구 살	50g	밀가루	15g
감자	1/4개	우유	200mL
베이컨	1/2조각	소금	2g
양파	1/6개	흰 후춧가루	2g
셀러리	30g	정향	1개
버터	20g	월계수 잎	1장

만드는 법

① 냄비에 물을 넣고 사방 1cm로 썬 대구 살을 끓인 뒤 건진다. 이때 국물은 면포에 걸러 놓는다.
② 양파, 감자, 셀러리를 0.7cm×0.7cm×0.1cm 정도로 썰고 감자는 찬물에 담가 전분을 제거한다. 베이컨은 1cm 크기로 썬다.
③ 정향과 월계수 잎으로 부케가르니를 만든다.
④ 썰어놓은 재료를 팬에 볶는다.
⑤ 냄비에 버터를 녹이고 밀가루를 동량으로 넣어 볶아 화이트 루(roux) 만든다. 화이트 루(roux)에 피시 스톡을 조금씩 부어가며 멍울을 푼다.
⑥ 멍울이 풀어지면 우유, 부케가르니를 넣어 끓인다.
⑦ 끓인 루에 볶은 재료를 넣어 일정한 농도가 나오면 소금, 흰 후춧가루를 넣고 마지막에 생선 살을 넣어 완성하여 200mL 이상 담는다.

재료 손질

재료 사진

재료 손질 사진

주요 과정

피시 스톡 만들기

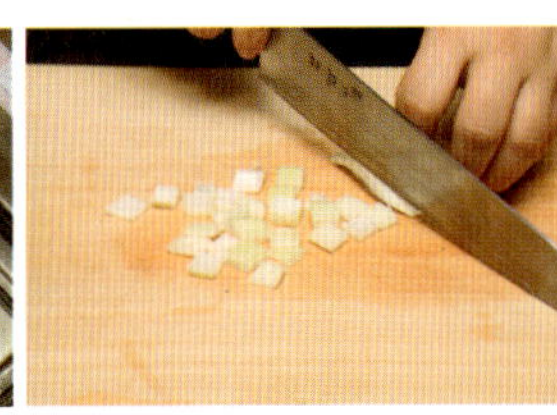
채소 썰기

채소, 베이컨 볶기

루 만들어 수프 끓이기

16 이탈리안 미트 소스

요구사항

※ 주어진 재료를 사용하여 다음과 같이 이탈리안 미트 소스를 만드시오.

① 모든 재료는 다져서 사용하시오.

② 그릇에 담고 파슬리 다진 것을 뿌려내시오.

③ 소스는 150mL이상 제출하시오.

지급 재료

재료	분량	재료	분량
양파	1/2개	월계수 잎	1장
소고기	60g	파슬리	1줄기
마늘	1쪽	소금	2g
토마토(캔)	30g	검은 후춧가루	2g
버터	10g	셀러리	30g
토마토 페이스트	30g		

만드는 법

① 셀러리는 섬유질을 제거하고 양파, 마늘, 소고기와 같이 곱게 다진다. 캔 토마토는 씨를 제거하여 곱게 다진다.

② 냄비에 버터를 녹여 다진 마늘을 넣고 볶다가 소고기, 양파, 셀러리를 볶은 다음 캔 토마토, 페이스트를 넣어 신맛이 없어질 때까지 볶는다.

③ 볶은 재료에 물을 붓고 월계수 잎을 넣고 거품 제거하면서 끓인다.

④ 파슬리는 잎만 곱게 다져 면보에 싸서 물에 헹군 뒤 고슬고슬할 정도로 물기를 제거한다.

⑤ 소스가 걸쭉해지면 월계수 잎을 건져내고 소금, 후추로 간한다.

⑥ 완성 그릇에 150mL 이상 담고 파슬리 가루를 뿌린다.

재료 손질

재료 사진

재료 손질 사진

주요 과정

셀러리, 채소를 곱게 다지기

소고기 곱게 다지기

토마토 페이스트 넣고 볶기

물을 넣어 소스 끓이기

17 홀렌다이즈 소스

요구사항

※ 주어진 재료를 사용하여 다음과 같이 홀렌다이즈 소스를 만드시오.

① 양파, 식초를 이용하여 허브 에센스(herb essence)를 만들어 사용하시오.

② 정제 버터를 만들어 사용하시오.

③ 소스는 중탕으로 만들어 굳지 않게 그릇에 담아내시오.

④ 소스는 100mL이상 제출하시오.

지급 재료

재료	양	재료	양
달걀	2개	레몬	1/4개
양파	1/8개	월계수 잎	1장
식초	20mL	파슬리	1줄기
검은 통후추	3개	소금	2g
버터	200g	흰 후춧가루	1g

만드는 법

① 레몬즙을 내고 양파를 곱게 채 썰고 통후추를 으깨서 준비한다.

② 냄비에 곱게 채 썬 양파, 통후추, 파슬리 줄기, 물을 붓고 살짝 끓여 면포에 거른다. 식초, 레몬즙을 넣어 허브 에센스를 준비한다.

③ 냄비에 물을 붓고 버터는 그릇에 담아 중탕시킨 후 버터 위에 불순물을 제거한다. 물기 없는 믹싱 볼에 달걀 노른자만 분리하여 알끈을 제거해 준비한다.

④ 따뜻한 물이 담긴 냄비 위에 달걀 노른자가 담아진 믹싱 볼을 올린 뒤 풀어 정제버터, 허브 에센스를 조금씩 넣어가며 휘핑한다. 농도가 어느 정도 나오면 소금, 흰 후춧가루를 조금 넣고 완성 그릇에 100mL 이상 담아낸다.

재료 손질

재료 사진

재료 손질 사진

주요 과정

허브 에센스 만들기

버터 중탕하기

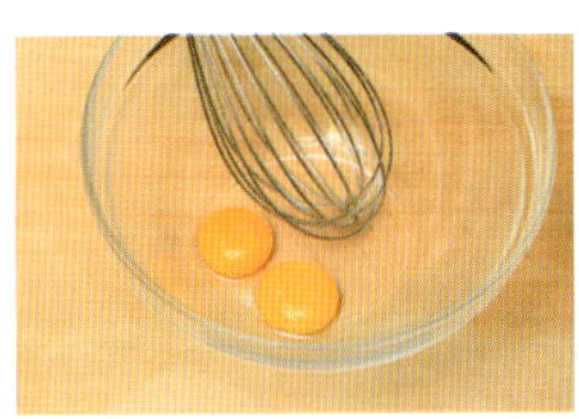

달걀노른자 분리하기

섞어서 완성하기

18 사우전 아일랜드 드레싱

요구사항

※ 주어진 재료를 사용하여 다음과 같이 사우전 아일랜드 드레싱을 만드시오.

① 드레싱은 핑크빛이 되도록 하시오.

② 다지는 재료는 0.2cm 정도의 크기로 하시오.

③ 드레싱은 농도를 잘 맞추어 100mL이상 제출하시오.

지급 재료

마요네즈	70g	흰 후춧가루	1g
오이 피클	1/2개	레몬	1/4개
양파	1/6개	달걀	1개
토마토케첩	20g	청피망	1/4개
소금	2g	식초	10mL

만드는 법

① 냄비에 달걀이 잠길 정도로 물을 넣고 소금을 조금 넣어 15분 정도 완숙이 되도록 삶는다.

② 양파는 0.2cm 정도로 다져 소금에 절여 물에 헹군 뒤에 물기를 제거하여 매운맛을 뺀다.

③ 청피망, 오이피클을 0.2cm 정도로 다진다. 레몬은 섬유질과 씨를 제거하고 레몬즙을 짜서 준비한다.

④ 삶은 달걀의 흰자는 0.2cm 정도로 다지고, 노른자는 체에 내린다.

⑤ 마요네즈에 토마토 케첩을 3:1 비율로 섞는다.

⑥ 다진 모든 재료를 넣고 마요네즈 케첩 소스, 소금, 흰 후춧가루, 식초, 레몬즙을 잘 섞어 완성하여 그릇에 평평하게 100mL 이상 담아낸다.

재료 손질

재료 사진

재료 손질 사진

주요 과정

달걀 삶기

청피망, 오이피클 다지기

노른자 체에 내리기

모든 재료 섞기

19 비프스튜

요구사항

※ 주어진 재료를 사용하여 다음과 같이 비프스튜를 만드시오.

① 완성된 소고기와 채소의 크기는 1.8cm 정도의 정육면체로 하시오.

② 브라운 루(brown roux)를 만들어 사용하시오.

③ 파슬리 다진 것을 뿌려내시오.

지급 재료

재료	양	재료	양
소고기	100g	밀가루	25g
당근	70g	버터	30g
양파	1/4개	소금	2g
셀러리	30g	검은 후춧가루	2g
감자	1/3개	파슬리	1줄기
마늘	1쪽	월계수 잎	1장
토마토 페이스트	20g	정향	1개

만드는 법

① 마늘을 곱게 다지고 양파, 셀러리를 사방 1.8cm로 썰고 감자, 당근을 2cm 정도 주사위 모양으로 잘라 모서리를 다듬어 감자는 찬물에 담가 갈변을 방지한다.

② 월계수 잎, 파슬리 줄기, 정향으로 부케가르니를 만든다.

③ 소고기는 핏물 제거 후 2cm 정도로 잘라 소금, 후추로 간하여 밀가루를 입힌다.

④ 팬에 버터를 녹여 양파, 당근, 셀러리, 감자 순서로 볶아 낸다. 팬에 버터를 조금 녹이고 마늘을 향 낸 다음 소고기 넣고 볶는다.

⑤ 냄비에 버터를 녹여 밀가루를 넣은 뒤 약한 불로 볶아가며 갈색이 나게 브라운 루(brown roux)를 만든다.

⑥ 볶아진 브라운 루(brown roux)에 토마토 페이스트를 넣고 볶아 신맛을 제거하고 물을 부어 멍울이 없도록 풀어준다. 볶아놓은 재료와 부케가르니를 넣고 불순물을 걷어주면서 익힌다.

⑦ 파슬리는 잎만 곱게 다져 면포에 싸서 물에 헹군 뒤 고슬고슬할 정도로 물기를 제거한다.

⑧ 재료가 익고 농도가 걸쭉해지면 부케가르니는 건져내고 소금, 후추로 간한다.

⑨ 완성 그릇에 담고 파슬리를 뿌려 낸다.

재료 손질

재료 사진

재료 손질 사진

주요 과정

감자, 채소 정육면체로 썰기

소고기 썰기

브라운 루 만들기

비프스튜 끓이기

20 바비큐 폭찹

요구사항

※ 주어진 재료를 사용하여 다음과 같이 바비큐 폭찹을 만드시오.

① 고기는 뼈가 붙은 채로 사용하고 고기의 두께는 1cm 정도로 하시오.

② 양파, 셀러리, 마늘은 다져 소스로 만드시오.

③ 완성된 소스는 농도에 유의하고 윤기가 나도록 하시오.

지급 재료

돼지갈비	200g	버터	10g
토마토케첩	30g	식초	10mL
우스터 소스	5mL	월계수 잎	1장
황설탕	10g	밀가루	10g
양파	1/4개	레몬	1/6개
소금	2g	마늘	1쪽
검은 후춧가루	2g	비프 스톡(육수)	200mL
셀러리	30g	식용유	30mL
핫소스	5mL		

만드는 법

① 돼지갈비는 찬물에 담가 핏물을 제거한다. 마늘과 양파는 곱게 다진다. 셀러리는 섬유질을 제거하고 곱게 다진다. 레몬은 섬유질과 씨를 제거하고 레몬즙을 짜서 준비한다.

② 돼지갈비는 물기를 제거한 후 뼈가 붙어 있게 살을 저며 고기 두께가 일정하도록 펴준다.

③ 저며진 고기 앞뒤로 두들겨 연육하여 소금, 후추로 간을 한다.

④ 돼지갈비에 밀가루를 묻혀서 식용유를 두른 팬에 뼈까지 잘 익도록 앞뒤로 구운다.

⑤ 팬에 버터를 녹이고 마늘, 양파, 셀러리를 볶고 토마토 케첩을 넣어 신맛을 날리고 황설탕, 핫소스, 우스터소스, 식초, 레몬즙, 소금, 후추 소량을 넣어 볶는다.

⑥ 볶은 재료에 물, 월계수 잎을 넣고 끓으면 돼지갈비를 넣고 앞뒤로 익힌다.

⑦ 돼지갈비가 완전히 익고 소스 농도를 걸쭉하고 윤기나게 졸여 완성 접시에 담는다.

재료 손질

재료 사진

재료 손질 사진

주요 과정

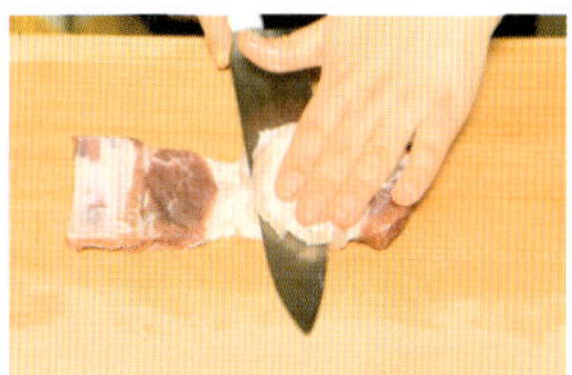

돼지갈비 저미기

돼지갈비 굽기

바비큐 소스 만들기

돼지갈비 넣어서 졸이기

21 서로인 스테이크

요구사항

※ 주어진 재료를 사용하여 다음과 같이 서로인 스테이크를 만드시오.

① 스테이크는 미디움(medium)으로 구우시오.

② 더운 채소(당근, 감자, 시금치)를 각각 모양 있게 만들어 함께 내시오.

지급 재료

재료	분량	재료	분량
소고기	200g	검은 후춧가루	1g
감자	1/2개	식용유	150mL
당근	70g	버터	50g
시금치	70g	흰 설탕	25g
소금	2g	양파	1/6개

만드는 법

① 냄비에 물을 올린다.

② 양파는 곱게 다지고, 시금치는 꼭지를 제거하고 4cm 길이로 자른다. 감자도 0.8×0.8×4cm 정도로 잘라 찬물에 담그고, 당근은 비취 모양으로 앞뒤를 돌려 깎는다.

③ 끓는 물에 소금을 넣고 시금치를 데친다. 데친 시금치는 찬물에 헹궈 물기를 제거한다. 감자는 삶아 체에 밭쳐 수분을 날려주고 당근은 삶아서 찬물에 헹궈 물기 제거한다.

④ 팬에 버터, 물, 설탕을 끓여 당근을 넣고 윤기나게 졸인다.

⑤ 핏물을 제거한 소고기는 가장자리 기름을 제거하고, 소금과 후추로 밑간을 한다.

⑥ 수분을 제거한 감자는 기름에 튀겨 소금으로 간한다.

⑦ 팬에 버터를 녹인 후 양파를 볶다가 시금치를 넣어 볶고 소금으로 간한다.

⑧ 완성 접시에 가니쉬를 담고, 팬에 식용유를 두르고 소고기 앞뒤로 구워 미디움(medium)으로 완성해 접시에 담아낸다.

재료 손질

재료 사진

재료 손질 사진

주요 과정

감자 썰기

시금치 데치기

당근 데치기

스테이크 굽기

22 살리스버리 스테이크

요구사항

※ 주어진 재료를 사용하여 다음과 같이 살리스버리 스테이크를 만드시오.

① 살리스버리 스테이크는 타원형으로 만들어 고기 앞, 뒤의 색을 갈색으로 구우시오.

② 더운 채소(당근, 감자, 시금치)를 각각 모양 있게 만들어 곁들여 내시오.

지급 재료

소고기············130g
양파··············1/6개
달걀··················1개
우유··············10mL
빵가루··············20g
소금····················2g
검은 후춧가루·······2g
식용유··········150mL
감자··············1/2개
당근····················70g
시금치················70g
흰 설탕··············25g
버터····················50g

만드는 법

① 냄비에 물을 올린다.
② 양파는 곱게 다지고, 시금치는 꼭지를 제거하여 4cm 길이로 자른다. 감자도 0.8×0.8×4cm 정도로 잘라 찬물에 담그고, 당근은 비취 모양으로 앞뒤를 돌려 깎는다.
③ 끓는 물에 소금을 넣고 시금치를 데친다. 데친 시금치는 찬물에 헹궈 물기를 제거한다. 감자는 삶아 체에 밭쳐 수분을 날려주고 당근은 삶아 찬물에 헹궈 물기를 제거한다.
④ 팬에 버터, 물, 설탕을 끓여 당근을 넣어 윤기 나게 졸인다.
⑤ 소고기는 칼로 다져 핏물을 제거해 놓고, 수분이 제거된 감자는 기름에 튀겨 소금으로 간한다.
⑥ 마른팬에 다진 양파 1/2을 볶아 식힌다. 팬에 기름을 두르고 남은 양파를 볶다가 시금치를 넣어 볶고 소금으로 간한다.
⑦ 달걀은 풀어준다. 다진 소고기에 볶은 양파, 우유, 달걀, 빵가루, 소금, 후추를 조금 넣고 한 덩어리로 치대어 타원형으로 만든다.
⑧ 완성 접시에 가니쉬를 담고, 팬에 식용유를 두르고 성형한 고기를 앞뒤로 갈색이 나도록 익힌다.
⑨ 스테이크를 완성해 가시쉬와 함께 담아낸다.

재료 손질

재료 사진

재료 손질 사진

주요 과정

양파 다지기

시금치 데치기

스테이크 모양 만들기

스테이크 굽기

23 치킨 커틀렛

요구사항

※ 주어진 재료를 사용하여 다음과 같이 치킨 커틀렛을 만드시오.

① 닭은 껍질째 사용하시오.

② 완성된 커틀렛의 색에 유의하고 두께는 1cm 정도로 하시오.

③ 딥 팻 후라이(deep fat frying)로 하시오.

지급 재료

재료	분량	재료	분량
닭 다리	1개	소금	2g
달걀	1개	검은 후춧가루	2g
밀가루	30g	식용유	500mL
빵가루	50g	냅킨	2장

만드는 법

① 튀김기름을 약불로 예열한다.

② 닭다리는 'ㄱ'자 뼈를 제거하고 지방과 힘줄을 깨끗하게 손질하고, 껍질이 붙은 상태에서 살을 0.7cm 정도 두께로 포를 뜨고 껍질 쪽에 칼집을 넣는다.

③ 칼집을 넣은 닭에 소금과 후추로 밑간을 하고 밀가루, 달걀 물, 빵가루 순서로 입힌다.

④ 예열된 기름에 닭을 넣고 160~170℃에 튀긴다.

⑤ 기름 위로 닭이 떠오르고 골드 브라운색으로 튀겨지면 기름을 제거하고 접시에 담는다.

재료 손질

재료 사진

재료 손질 사진

주요 과정

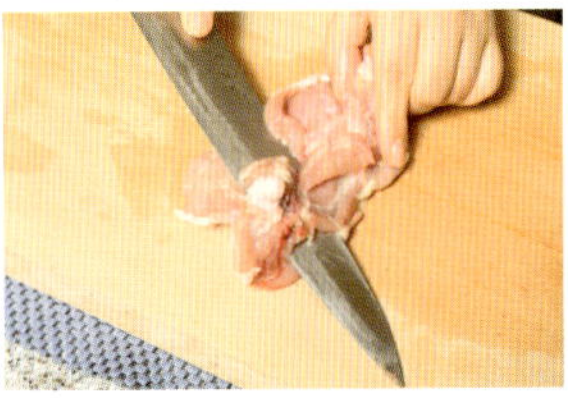

닭고기 살 뼈 발라내기

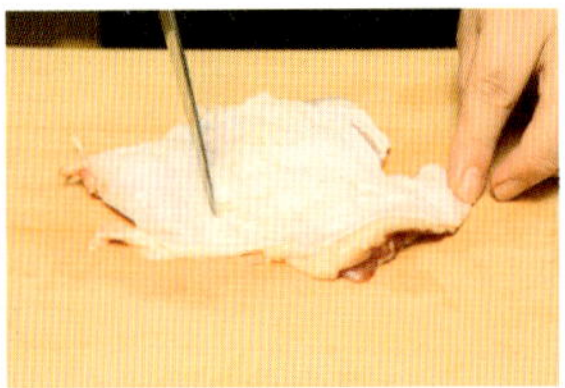

닭고기 살에 칼집 내기

밀가루, 달걀 물, 빵가루 입히기

커틀렛 튀기기

24 치킨알라킹

요구사항

※ 주어진 재료를 사용하여 다음과 같이 치킨알라킹을 만드시오.

① 완성된 닭고기와 채소, 버섯의 크기는 1.8cm×1.8cm 정도로 균일하게 하시오.

② 닭 뼈를 이용하여 치킨 육수를 만들어 사용하시오.

③ 화이트 루(roux)를 이용하여 베샤멜 소스(bechamel sauce)를 만들어 사용하시오.

지급 재료

재료	분량	재료	분량
닭다리	1개	우유	150mL
청피망	1/4개	정향	1개
홍피망	1/6개	생크림	20mL
양파	1/6개	소금	2g
양송이	20g	흰 후춧가루	2g
버터	20g	월계수 잎	1장
밀가루	15g		

만드는 법

① 닭다리는 뼈를 발라내고 찬물에 담가 핏물을 제거한다.

② 냄비에 닭 뼈, 월계수 잎, 정향, 향신채를 넣어 닭 뼈가 잠길 정도의 물을 붓고 불순물을 제거하며 끓여 치킨 스톡을 만든다.

③ 손질된 닭살은 껍질을 제거하고 사방 2cm 크기로 자른다.

④ 양파, 양송이, 청피망, 홍피망을 사방 1.8cm 크기로 썬다.

⑤ 손질한 닭고기는 체에 밭쳐 스톡 끓이는 냄비에 데쳐내고 치킨 스톡은 면포에 거른다.

⑥ 팬에 버터를 녹이고 양파, 양송이, 청피망, 홍피망을 각각 볶는다.

⑦ 냄비에 버터를 녹인 후 밀가루를 볶아 화이트 루(roux)를 만든다. 화이트 루(roux)에 치킨 스톡을 조금씩 넣어, 부드럽게 풀고 우유를 조금씩 부어 베샤멜 소스(bechamel sauce)를 만든다.

⑧ 베샤멜 소스(bechamel sauce)에 닭고기를 넣고 끓이다 볶아놓은 채소를 넣고 거품을 제거하며 끓인다.

⑨ 생크림, 소금과 후추로 간하고 완성 그릇에 담아낸다.

재료 손질

재료 사진

재료 손질 사진

주요 과정

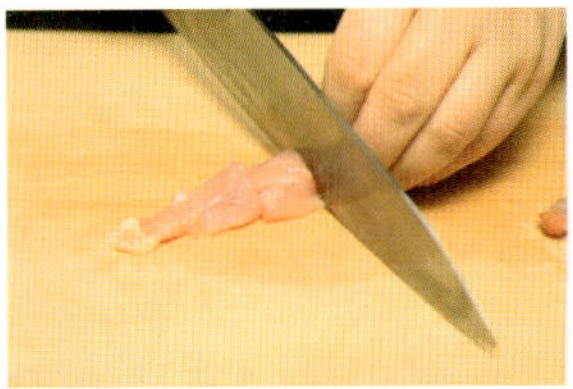

닭고기 자르기

닭고기 데치기

채소 1.8cm 썰기

화이트 루에 채소, 닭고기 넣고 끓이기

25 프렌치 프라이드 쉬림프

요구사항

※ 주어진 재료를 사용하여 다음과 같이 프렌치 프라이드 쉬림프를 만드시오.

① 새우는 꼬리 쪽에서 1마디 정도 껍질을 남겨 구부러지지 않게 튀기시오.

② 새우튀김은 4개를 제출하시오.

③ 레몬과 파슬리를 곁들이시오.

지급 재료

새우	4마리	식용유	500mL
밀가루	80g	레몬	1/6개
흰 설탕	2g	파슬리	1줄기
달걀	1개	냅킨	2장
소금	2g	이쑤시개	1개
흰 후춧가루	2g		

만드는 법

① 튀김기름을 예열하고 파슬리는 찬물에 담근다. 레몬은 섬유질을 제거하고 깨끗이 다듬는다.
② 새우는 2번째 마디에 이쑤시개를 넣어 내장을 제거한다. 꼬리는 한마디를 남기고 껍질을 벗기고 물총을 제거한다. 손질한 새우는 배 쪽에 사선으로 칼집을 넣어 편다.
③ 칼집 넣은 새우에 소금과 흰 후추로 간한다.
④ 밀가루는 체에 한 번 내려놓고 달걀은 흰자와 노른자로 분리하고 흰자는 거품기로 쳐서 머랭을 만든다.
⑤ 달걀노른자, 밀가루, 설탕, 소금을 섞어주고 머랭이 깨지지 않도록 튀김 반죽을 만든다.
⑥ 새우에 밀가루, 튀김 반죽 순서로 입혀 튀겨준 후, 기름기를 제거한다.
⑦ 완성 접시에 튀긴 새우를 담고, 파슬리와 레몬을 곁들인다.

재료 손질

재료 사진

재료 손질 사진

주요 과정

새우 내장 제거하기

달걀흰자 거품 내기

튀김 반죽 만들기

새우를 기름에 튀기기

26 샐러드 부케를 곁들인 참치 타르타르와 채소 비네그레트

요구사항

※ 주어진 재료를 사용하여 다음과 같이 샐러드 부케를 곁들인 참치 타르타르와 채소 비네그레트를 만드시오.

① 참치는 꽃소금을 사용하여 해동하고, 3~4mm 정도의 작은 주사위 모양으로 썰어 양파, 그린올리브, 케이퍼, 처빌 등을 이용하여 타르타르를 만드시오.

② 채소를 이용하여 샐러드 부케를 만드시오.

③ 참치 타르타르는 테이블 스푼 2개를 사용하여 크넬(quenelle)형태로 3개를 만드시오.

④ 비네그레트는 양파, 붉은색과 노란색의 파프리카, 오이를 가로세로 2mm 정도의 작은 주사위 모양으로 썰어서 사용하고 파슬리와 딜은 다져서 사용하시오.

지급 재료

재료	분량	재료	분량
붉은색 참치살	80g	롤라로사	2잎
양파	1/8개	그린 치커리	2줄기
그린 올리브	2개	붉은색 파프리카	1/4개
케이퍼	5개	노란색 파프리카	1/8개
올리브오일	25mL	오이	1/10개
레몬	1/4개	파슬리	1줄기
핫소스	5mL	딜	3줄기
처빌	2줄기	식초	10mL
꽃소금	5g		
흰 후춧가루	3g		
차이브	5줄기		

만드는 법

① 참치살은 소금물에 담가 해동 후 면포나 키친타올에 싸서 물기를 제거한다.

② 그린 치커리, 롤라로사를 찬물에 담그고 오이는 2cm 길이로 잘라 속을 파놓는다. 차이브 1줄기를 소금물에 데쳐 찬물에 헹군다. 노란색, 붉은색 파프리카는 부케용으로 채를 썬다.

③ 채소를 건져 물기를 제거한 후 파프리카, 차이브를 가운데 두고 그린 치커리와 롤라로사로 감싸고, 데친 차이브로 돌돌 말아 묶는다. 묶은 채소를 속을 파둔 오이에 꽂아 놓고 밑 부분을 정리하여 샐러드 부케를 만든다.

④ 양파는 0.2cm 정도로 다져 소금에 절여 찬물에 헹궈 물기를 제거한다. 레몬즙을 짜놓고 파슬리 잎은 곱게 다져 면포에 싼 뒤 물에 헹궈서 키친타올 위에 올려놓는다.

⑤ 노란색, 붉은색 파프리카, 오이를 0.2cm 사각형 모양으로 다지고 딜, 처빌은 송송 썬다. 케이퍼, 씨를 제거한 그린올리브는 곱게 다진다.

⑥ 올리브오일, 식초, 소금, 후추를 먼저 섞어준다. 양파, 붉은색과 노란색의 파프리카, 오이, 파슬리가루, 다진 딜을 넣어 비네그레트 드레싱을 완성한다.

⑦ 참치를 3~4mm 정도 주사위 모양으로 썰어 수분을 제거를 한다.

⑧ 수분을 제거한 참치에 올리브유, 양파, 그린올리브, 케이퍼, 처빌, 소금 , 흰 후춧가루, 핫소스, 레몬즙을 넣고 잘 섞어 참치 크넬 3개를 만든다.

⑨ 완성 접시에 참치 크넬 모양 3개와 샐러드 부케를 올리고 비네그레트 드레싱을 뿌려준다.

재료 손질

재료 사진

재료 손질 사진

주요 과정

오이를 잘라 속 파내기

샐러드 부케용 만들기

참치 타르타르 만들기

크넬 형태로 잡아 타르타르 만들기

27 해산물 샐러드

요구사항

※ 주어진 재료를 사용하여 다음과 같이 해산물 샐러드를 만드시오.

① 미르포아(mirepoix), 향신료, 레몬을 이용하여 쿠르부용(court bouillon)을 만드시오.

② 해산물은 손질하여 쿠르부용(court bouillon)에 데쳐 사용하시오.

③ 샐러드 채소는 깨끗이 손질하여 싱싱하게 하시오.

④ 레몬 비네그레트는 양파, 레몬즙, 올리브오일 등을 사용하여 만드시오.

지급 재료

재료	분량	재료	분량
새우	3마리	올리브오일	20mL
관자 살	1개	레몬	1/4개
피홍합	3개	식초	10mL
중합	3개	딜	2줄기
양파	1/4개	월계수 잎	1장
마늘	1쪽	셀러리	10g
실파	20g	흰 통후추	3개
그린 치커리	2줄기	소금	5g
양상추	10g	흰 후춧가루	5g
롤라로사	2잎	당근	15g

만드는 법

① 그린 치커리, 롤라로사, 양상추, 실파, 딜은 찬물에 담가 놓는다. 해산물은 소금물에 담가 해감한다.

② 양파의 1/2은 다져 소금물에 절이고 1/2은 채 썰어 쿠르부용에 사용한다. 당근, 셀러리, 마늘은 채 썬다. 레몬은 즙을 내어 준비하고 껍질은 쿠르부용에 사용한다.

③ 냄비에 물, 당근, 셀러리, 양파를 미르포아용으로 채 썬 것과 월계수 잎, 흰 통후추, 레몬 한쪽을 넣고 끓인다.

④ 샐러드 채소는 한 잎 크기로 뜯어 물기를 제거해둔다. 쪽파 잎 , 딜은 송송 썰고 절여둔 양파 물기를 제거해둔다.

⑤ 관자는 막을 제거하고 0.3cm 두께로 둥글게 썰고, 새우는 내장을 제거한다. 중합은 껍질을 긁어 씻어주고 홍합은 수염을 제거하고 껍질을 긁어 씻어 준비한다.

⑥ 손질한 해산물은 쿠르부용에 데쳐서 새우는 껍질을 제거하고 중합, 홍합은 한쪽 껍질만 제거한다.

⑦ 올리브오일, 식초, 소금 , 흰 후춧가루를 먼저 섞는다. 다진 양파와 딜, 레몬즙을 넣어 레몬 비네그레트를 만든다.

⑧ 접시에 샐러드 채소, 해산물을 보기 좋게 올리고 레몬 비네그레트 드레싱을 뿌린다.

재료 손질

재료 사진

재료 손질 사진

주요 과정

채소 손질해서 물에 담그기

새우 내장 손질하기

해산물 손질하여 쿠르브용에 데치기

데쳐낸 해물 손질하기

28 시저 샐러드

요구사항

※ 주어진 재료를 사용하여 다음과 같이 시저샐러드를 만드시오.

① 마요네즈(100g이상), 시저 드레싱(100g이상), 시저샐러드(전량)를 만들어 3가지를 각각 별도의 그릇에 담아 제출하시오.

② 마요네즈(mayonnaise)는 달걀노른자, 카놀라오일, 레몬즙, 디존 머스터드, 화이트 와인 식초를 사용하여 만드시오.

③ 시저 드레싱(caesar dressing)은 마요네즈, 마늘, 앤초비, 검은 후춧가루, 파미지아노 레기아노, 올리브오일, 디존 머스터드, 레몬즙을 사용하여 만드시오.

④ 파미지아노 레기아노는 강판이나 채칼을 사용하시오.

⑤ 시저 샐러드(caesar salad)는 로메인 상추, 곁들임(크루통(1cm×1cm), 구운 베이컨(폭 0.5cm), 파미지아노 레기아노), 시저 드레싱을 사용하여 만드시오.

지급 재료

달걀 ………………… 2개
디존 머스타드 ……10g
레몬 ………………… 1개
로메인 상추 ………50g
마늘 ………………… 1쪽
베이컨 ……………15g
앤초비 ……………3개
올리브오일 ……20mL
카놀라오일 ……300mL
식빵 ………………… 1쪽
검은 후춧가루 ……5g
파미지아노 레기아노 치즈 ……………20g
화이트와인 식초 ………………20mL
소금 ………………… 10g

만드는 법

① 빵은 비닐봉지에 보관하고, 로메인 상추는 찬물에 담근다.

② 빵은 가장자리를 칼로 자른 뒤 사방 1cm 크기로 잘라, 팬에 구워 크루통을 만들어 준다.

③ 마늘과 엔쵸비는 곱게 다져놓고 베이컨은 0.7cm 정도 길이로 잘라 팬에 바싹하게 구워준다.

④ 레몬은 반으로 잘라 섬유질을 제거하고 체에 밭쳐 즙을 만든다. 파미지아노 레기아노 치즈는 강판에 갈아 준비한다.

⑤ 알끈을 제거한 노른자에 레몬즙, 화이트 와인 식초를 넣고 휘핑한다. 디존 머스타드, 카놀라유를 넣어 휘핑한다. 카놀라유를 조금씩 넣으며 휘핑 과정을 반복하고 농도가 걸쭉해지면 소금을 넣고 마요네즈를 완성한다. 완성 그릇에 100mL 이상 담아 놓는다.

⑥ 남은 마요네즈에 마늘, 앤초비, 검은 후춧가루, 올리브오일, 파미지아노 레기아노, 디존 머스터드, 레몬즙을 넣어 시저 드레싱을 만들어 완성 그릇에 100mL 이상 담아 놓는다.

⑦ 로메인은 물기를 제거하여 한 잎 크기로 썰어 시저 드레싱에 버무린다.

⑧ 버무린 샐러드를 접시에 담고, 쿠루통과 베이컨, 파미지아노 레기아노 가루를 뿌려 완성한다.

⑨ 각각 담아 놓은 시저 드레싱, 마요네즈와 시저 샐러드를 같이 제출한다.

재료 손질

재료 사진

재료 손질 사진

주요 과정

빵 잘라 크루통 만들기

베이컨을 0.7cm 자르기

마요네즈 만들기

시저 드레싱 만들기

29 스파게티 카르보나라

요구사항

※ 주어진 재료를 사용하여 다음과 같이 스파게티 카르보나라를 만드시오.

① 스파게티 면은 알 단테(al dante)로 삶아서 사용하시오.

② 파슬리는 다지고 통후추는 곱게 으깨서 사용하시오.

③ 베이컨은 1cm 정도 크기로 썰어, 으깬 통후추와 볶아서 향이 잘 우러나게 하시오.

④ 생크림은 달걀노른자를 이용한 리에종(liaison)과 소스에 사용하시오.

지급 재료

재료	분량	재료	분량
스파게티면	80g	파마산 치즈 가루	10g
올리브오일	20mL	파슬리	1줄기
버터	20g	소금	5g
생크림	180mL	검은 통후추	5개
베이컨	2개	식용유	20mL
달걀	1개		

만드는 법

① 면 삶을 물을 올리고 파스타면은 위생 팩에 넣어 보관한다.

② 통후추를 으깨서 다지고 파슬리는 잎만 다져 면포에 감싸 찬물에 헹구고 키친타올 위에 놓고 말린다.

③ 베이컨은 1cm 정도로 자른다. 달걀은 노른자만 분리해서 생크림을 섞어 리에종을 만든다.

④ 끓는 물에 소금, 식용유를 넣고 면을 알 단테로 7~8분간 삶아 건진다. 면수는 1/2컵 정도 준비한다.

⑤ 삶은 면에 올리브오일을 넣어 서로 붙지 않게 섞는다.

⑥ 팬에 버터를 녹이고 베이컨과 으깬 통후추를 넣어 볶고 파스타면을 넣어 볶는다. 생크림, 소금, 파마산 치즈 가루를 넣고 볶는다.

⑦ 불을 끄고 리에종 소스를 넣어 잘 섞는다.(면수로 농도 조절)

⑧ 접시에 젓가락을 이용하여 담아주고 파슬리 가루를 뿌려 낸다.

재료 손질

재료 사진

재료 손질 사진

주요 과정

스파게티 면 삶기

달걀노른자에 생크림 넣어 리에종 만들기

스파게티에 생크림 넣고 볶기

볶은 스파게티에 리에종 소스를 넣고 볶기

30 토마토소스 해산물 스파게티

요구사항

※ 주어진 재료를 사용하여 다음과 같이 토마토소스 해산물 스파게티를 만드시오.

① 스파게티 면은 알 단테(al dante)로 삶아서 사용하시오.

② 조개는 껍질째, 새우는 껍질을 벗겨 내장을 제거하고, 관자 살은 편으로 썰고, 오징어는 0.8cm×5cm 정도 크기로 썰어 사용하시오.

③ 해산물은 화이트 와인을 사용하여 조리하고, 마늘과 양파는 해산물 조리와 토마토소스 조리에 나누어 사용하시오.

④ 바질을 넣은 토마토소스를 만들어 사용하시오.

⑤ 스파게티는 토마토소스에 버무리고 다진 파슬리와 슬라이스한 바질을 넣어 완성하시오.

지급 재료

재료	분량	재료	분량
스파게티면	70g	새우	3마리
토마토(캔)	300g	모시조개	3개
마늘	3쪽	오징어	50g
양파	1/2개	관자 살	1개
바질	4잎	화이트 와인	20mL
파슬리	1줄기	소금	5g
방울토마토	2개	흰 후춧가루	5g
올리브오일	40mL	식용유	20mL

만드는 법

① 조개는 소금물에 해감하고 스파게티 면은 비닐에 보관한다.
② 끓는 물에 소금, 식용유를 넣고 면을 알 단테로 7~8분간 삶아 건진다. 삶은 면에 올리브오일을 넣어 서로 붙지 않게 섞는다.
③ 마늘과 양파는 다진다. 방울토마토는 세로로 1/2로 자르고, 바질 잎은 돌돌 말아 채 썬다.
④ 파슬리 잎은 곱게 다져서 면포에 말아 찬물에 헹구고 키친타올에 위에 놓고 말린다.
⑤ 홀 토마토는 곱게 다진다.
⑥ 관자는 막을 제거한 후 편 썰고 새우는 내장을 제거하고 껍질을 벗긴다. 해감한 조개는 씻고 오징어는 껍질을 제거하고 0.8cm×5cm 정도 크기로 썬다.
⑦ 냄비에 올리브오일을 두르고 다진 마늘 1/2만 넣고 볶는다. 다진 양파 1/2을 넣고 볶은 뒤 홀 토마토를 넣어 볶고 소금, 흰 후춧가루, 바질 잎, 파슬리 1/2을 넣고 불을 끈다.
⑧ 팬에 올리브오일을 두르고 다진 마늘, 양파를 볶은 뒤 해물을 넣어 볶고 화이트 와인을 넣고 끓인다. 해물이 익으면 토마토소스를 넣어 끓이고 면수로 농도를 조절한다.
⑨ 소스에 면을 넣어 볶고 소금 , 후춧가루로 간하고 방울 토마토를 넣어 마무리한다.

재료 손질

재료 사진

재료 손질 사진

주요 과정

조개는 소금물에 해감하기

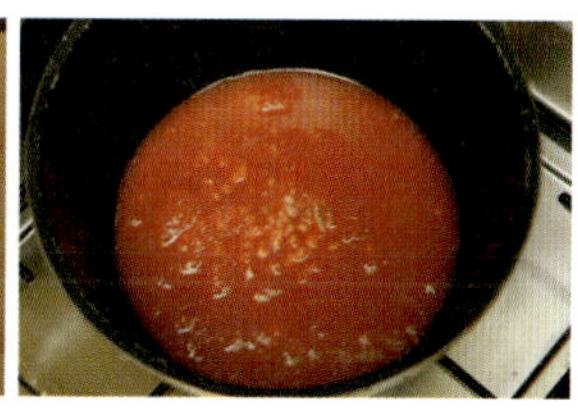

토마토 소스 만들기

해산물 팬에 볶기

볶은 해산물에 화이트 와인, 토마토소스 넣고 완성하기

PART Ⅳ

PART Ⅳ
양식조리산업기사 실기

01 토마토 쿨리를 곁들인 치킨 룰라드 (chicken roulade with tomato coulis)

재료 및 분량

재료	분량	재료	분량	재료	분량
닭다리(약250g 정도)	1개	양파	1/4개	흰 후춧가루	5g
버터	130g	마늘	1쪽	흰설탕	10g
생크림(동물성)	50mL	토마토 퓨레	70mL	양송이	80g
빵가루	30g	적포도주	30mL	실 조리용 흰 실	50cm
당근	1/2개	토마토	1/2개		
사과	1/4개	달걀	1개		
가지	1/2개	바질(fresh)	2줄기		
브로콜리	50g	타임(fresh)	5g		
감자	1개	월계수 잎(dry)	1잎		
올리브 오일	10mL	소금	10g		

만드는 법

1. 치킨 룰라드(Chicken Roulade)

① 닭다리는 뼈와 살을 분리하여 닭다리 살은 소금, 흰후추, 올리브오일, 타임 등으로 마리네이드 하고, 뼈는 찬물에 담가 놓는다.

② 팬에 올리브오일을 두르고 다진 양파, 다진 양송이를 넣고 소금, 흰후추가루로 간을 하고, 수분이 없을 때까지 볶아주고, 생크림을 넣고, 빵가루를 넣어 수분을 조절하여 듁셀(duxells)을 만든다.

③ 닭다리에 양송이 듁셀을 넣고 조리용 실을 이용해 바딩(barding)한다.

④ 버터를 중탕하여 정제 버터를 만들고, 정제 버터를 이용하여 바딩한 닭다리살을 팬후라이 하여 오븐에 익힌 후 휴지시킨다.

2. 토마토 쿨리(Tomato Coulis)

① 닭뼈와 양파, 당근, 월계수잎 등을 찬물부터 끓여 닭육수를 만든다.

② 소스팬에 올리브 오일을 두르고, 다진 마늘, 다진 양파를 넣어 볶다가, 토마토를 넣어 볶아, 레드 와인 30mL를 넣고, 토마토퓌레를 넣은 다음, 치킨육수 1C을 넣는다. 설탕 1T, 소금으로 간하고, 은근하게 끓인다. 다진 타임잎, 다진 바질 잎을 넣고 살짝 더 끓이고, 채에 내려 토마토 쿨리를 만든다.

3. 가니쉬(Garnish)

① 감자는 삶아 체에 내려 계란 노른자, 다진 타임잎, 소금, 흰 후추가루 등을 넣고 짤주머니에 넣어 모양 있게 짜고, 계란 노른자 등을 발라 오븐에 구워 더치 포테이토(duchesse potato)를 만든다.

② 브로콜리는 데친 다음, 팬에 올리브유, 버터를 볶고 볶은 소금, 후추로 간을 하고, 가지는 적당한 모양으로 잘라, 정제 버터, 소금, 후추로 간을 하고 오븐에 굽거나 그릴에 구운다.

③ 당근과 사과는 모양을 내어, 당근은 데친 후, 사과와 함께 버터, 설탕, 소금, 육수 등을 넣고 글레이징(glazing) 한다.

4. 플레이팅(Plaiting)

룰라드한 닭다리는 적당한 크기로 잘라 더치 포테이토, 가니쉬, 토마토 쿨리와 함께 담아낸다.

02 타임소스를 곁들인 양갈비 구이 (roasted rack of lamb with thyme sauce)

재료 및 분량

양갈비(뼈가 3개 붙어있는 프렌치랙) ········ 250g
양겨자(Dijon Mustard 가능) ······· 50g
파슬리 ········ 5g
타임(fresh) ········ 5g
로즈마리 ········ 5g
마늘 ········ 5쪽
당근 ········ 1/2개
양파 ········ 1/2개
감자 ········ 1개
버터 ········ 60g
그린 아스파라거스 ········ 2개
적포도주 ········ 50mL
올리브오일 ········ 50mL
전분 ········ 50g
빵가루 ········ 40g
토마토 페이스트 ········ 30g
민트 젤리 ········ 10g
꿀 ········ 10g
흰 후춧가루 ········ 5g
소금 ········ 10g
검은 통후추 ········ 5g

만드는 법

1. 양갈비 구이(Roasted Rack of Lamb)

① 양 갈비의 살과 뼈는 깨끗이 다듬어 소금, 으깬 검은 후추, 올리브오일, 타임, 로즈마리, 으깬 마늘 등으로 마리네이드 한다.

② 양 갈비는 팬에 올리브오일을 두르고 연한 갈색이 날 때까지 시어링하고 꿀, 민트젤리, 양겨자를 섞어 바른다.

③ 양겨자, 빵가루, 다진 마늘, 다진 파슬리 등을 섞어 양겨자 크러스트를 만들어 양갈비에 바르고, 오븐에서 미디움으로 익힌다.

2. 가니쉬(Garnish)

① 감자는 껍질을 벗기고, 링커터를 이용하여 지름 4cm로 만들어주고, 두께 0.2cm으로 슬라이스 하여, 팬에 올리브오일과 버터를 넣고, 약간 색이 나도록 익힌다. 소금, 흰 후추가루로 간을 하여, 원형 몰드에 채워주고, 버터를 약간 넣어 180~200℃로 예열된 오븐에서 갈색으로 구워 안나 포테이토(anna potato)를 만든다.

② 아스파라거스는 끓는 물에 데친 후 팬에 올리브오일, 버터를 두르고 볶아 소금, 후추로 간을 한다.

③ 마늘은 끓는 물에 데쳐 오븐에 넣어 구워 놓는다.

④ 그 외 당근 등도 모양을 내어 조리법에 맞게 조리하여 가니쉬로 곁들인다.

3. 타임 소스(Thyme Sauce)

① 양파, 당근은 채 썰어 팬에 볶아 색을 내고, 손질하고 남은 양고기와 뼈를 넣고 볶다가, 불을 줄여 토마토 페이스트를 넣고 볶아 신맛을 날려주고, 레드와인을 넣고 볶다가, 물 3C과 타임을 넣고 약불로 은근히 끓인다.

② 끓인 소스를 체에 걸러 약불로 끓이면서 남은 스톡(물)에 전분을 풀어 농도를 맞춘 다음 소금으로 간을 한 후 불을 끄고 버터 몬테를 한다.

4. 플레이팅(Plaiting)

양갈비는 3조각으로 자르고 안나 포테이토, 아스파라거스, 구운 마늘, 타임을 담고 타임 소스를 곁들여 담아낸다.

03 비가라드 소스를 곁들인 오리가슴살 구이 (duck breast with bigarade sauce)

재료 및 분량

- 오리가슴살(150g 정도, 껍질있는 것) ··· 1개
- 꿀 ··· 20g
- 오렌지 ··· 2개
- 적포도주 ··· 200mL
- 월계수잎 ··· 2잎
- 감자 ··· 1개
- 베이컨 ··· 1개
- 블랙 올리브 ··· 2개
- 브로콜리 ··· 30g
- 타임(fresh) ··· 5g
- 배 ··· 1/4개
- 레몬 ··· 1/2개
- 당근 ··· 1개
- 양파 ··· 1/4개
- 옥수수 전분 ··· 20g
- 브라운스톡(데미글라스소스 대체 가능) ··· 100mL
- 검은 통후추 ··· 5g
- 소금 ··· 20g
- 흰 후춧가루 ··· 5g
- 식용유 ··· 50mL
- 마늘 ··· 3쪽
- 버터 ··· 70g
- 흰 설탕 ··· 50g
- 식초 ··· 10mL

만드는 법

1. 오리가슴살 구이(Roasted Duck Breast)

① 오리 가슴살은 껍질 부분에 솔방울 모양으로 칼집을 내고 소금, 으깬 검은 후추, 식용유, 타임, 으깬 마늘 등으로 마리네이드 한다.

② 팬에 껍질 쪽부터 바삭하게 익힌 후 뒤집고 버터, 마늘, 타임 등을 넣어 타임 향이 배이도록 오리가슴살에 기름을 끼얹어 가며 익힌다.

③ 팬프라잉한 오리가슴살은 껍질 쪽에 꿀을 발라 오븐에 미디움(medium)으로 굽는다.

2. 로스티 감자(Rosti Potatoes)

① 감자는 껍질을 벗기고 굵은 강판으로 갈아 소금, 흰 후춧가루로 간을 하고 물기를 짜서 준비한다.

② 베이컨을 채썰고 올리브와 양파는 다져 감자와 섞어 옥수수 전분을 넣어 농도를 맞춘다.

③ 식용유를 두른 팬에 원형 몰드를 올리고, 반죽을 채운다.

④ 어느 정도 익으면 몰드를 빼내고 앞뒤로 바삭하게 익히고, 버터를 넣어 연한 갈색이 될 때 까지 익힌다.

3. 비가라드 소스(Bigarade Sauce)

① 오렌지는 껍질을 제거, 오렌지 세그먼트를 만들고, 남은 오렌지는 즙을 낸다.

② 오렌지 껍질은 흰 부분을 저며 내고 채 썰어 데쳐 쓴맛을 제거하고, 설탕시럽이나 꿀을 넣고 조려 놓는다.

③ 소스팬에 설탕을 넣고 연한 갈색이 날 때까지 카라멜라이징 하고, 식초를 넣고 끓인다. 레드와인 100mL를 넣어 플람베 하고, 오렌지 주스를 넣어 카라멜라이징한 설탕을 풀고, 브라운 스톡과 월계수 잎을 넣어 20분 정도 끓인 후 소금으로 간을 맞춘다. 농도가 살짝 나오면, 오렌지 살과 제스트를 넣고 불을 끄고, 버터 몬테를 한다.(브라운 스톡 대신 데미글라스 소스를 넣을 수 있다.)

4. 가니쉬(Garnish)

① 브로콜리는 끓는 물에 데쳐 팬에 버터를 넣고 볶고 소금, 후추로 간을 한다.

② 당근은 올리베또(olivette) 모양으로 3개를 만들어 버터, 설탕, 물, 소금 등을 넣고 글레이징 한다.

③ 배 콘피(pear confit)는 샤토(chateau) 모양으로 2개를 만들어 레드와인 100mL, 레몬즙, 설탕 2T를 넣고 졸여서 만들어 놓는다.

5. 플레이팅(Plaiting)

① 오리가슴살은 3등분하여 로스티 감자와 가니쉬를 담고, 비가라드 소스를 뿌린 후, 오렌지 살, 오렌지 제스트, 타임 등으로 장식한다.

04 앤초비 버터를 곁들인 소안심 구이 (beef fillet steak with a anchovy butter)

재료 및 분량

소고기(안심, 스테이크용) ········ 160g
케이퍼 ········ 15g
타라곤 ········ 5g
파슬리 ········ 5g
앤초비 ········ 10g
타임 ········ 5g
감자 ········ 1개
당근 ········ 1/2개
방울 양배추 ········ 2개
그린 아스파라거스 ········ 1개
레드 와인 ········ 200mL
데미글라스소스 ········ 50mL
우유 ········ 150mL
무염 버터 ········ 100g
샬롯 ········ 1개
마늘 ········ 3쪽
파르미지아노 레지아노치즈(덩어리) ········ 20g
밀가루(중력분) ········ 10g
흰 설탕 ········ 30g
올리브 오일 ········ 30mL
양파 ········ 1/2개
셀러리 ········ 50g
검은 통후추 ········ 10g
소금 ········ 15g

만드는 법

1. 소안심 구이(Beef Fillet Steak)

① 소고기 안심은 핏기를 제거한 후 요리용 실로 묶고, 소금, 으깬 검은 후추, 올리브 오일, 으깬 마늘, 타임 등으로 마리네이드 한다.
② 팬을 예열하여 올리브 오일로 전체적으로 코팅하고, 안심을 넣어 크리스피하게 익힌 후 뒤집어서 타임, 마늘 등을 넣고 익힌다.
③ 팬에 익혀준 안심은 오븐에 넣어 미디움(medium)으로 익힌다.
④ 안심을 익힌 팬에 양파, 당근, 셀러리를 썰어 넣고 볶다가 색이 나면 레드와인을 넣고 졸인 다음, 데미그라스 소스를 넣고 졸인 다음 체에 내려놓는다.
⑤ 체에 내려놓은 소스를 다시 끓이면서 기름기를 걷어 내고 농도가 나오면 간을 맞추고, 불을 끄고 버터 몬테를 한다.

2. 앤초비 버터(Anchovy Butter)

버터는 포마드 상태로 만들어 엔초비, 샬롯, 마늘, 타라곤, 파슬리, 케이퍼를 모두 다져 섞고, 쿠킹호일을 깔고 얇게 펴서 냉장고에서 굳힌다.

3. 도피노와즈 포테이토(Dauphinoise Potato)

① 소스팬에 버터와 밀가루를 넣고 볶아 화이트 루가 완성되면, 우유를 조금씩 넣어가며 풀고 소금으로 간을 하여 베샤멜 소스를 만들어 놓는다.
② 감자는 껍질을 벗기고 슬라이스 하여 소스팬에 버터를 넣고 살짝 볶다가 소금으로 간하고, 베샤멜소스를 붓고 익히다가 파르미지아노 레지아노 치즈를 갈아 넣는다.
③ 몰드 혹은 쿠킹호일 등으로 틀을 만들어 베샤멜 소스에 익힌 감자와 치즈가루를 한 층, 한층 교대로 넣고, 마지막에 치즈가루와 파슬리 가루를 뿌려 오븐에서 연한 갈색이 나도록 구운다.

4. 곁들임 채소(Hot Vegetables)

① 당근은 모양을 내어 방울양배추, 아스파라거스와 함께 끓는 물에 데친다.
② 당근은 버터, 설탕, 소금, 물을 넣고 글레이징(glazing) 한다.
③ 방울양배추, 아스파라거스 등의 채소는 버터에 볶고 소금, 후추로 간을 한다.

5. 플레이팅(Plaiting)

접시에 안심을 담고 안심 위에 엔초비 버터를 올린 후 가니쉬와 레드와인 소스를 곁들인다.

05 타임 벨루테 소스를 곁들인 기름에 저온 조리한 적도미 (oil poached red snapper with thyme veloute)

재료 및 분량

- 감자 ········· 1개
- 무염 버터 ········· 100g
- 브로콜리 ········· 50g
- 휘핑크림 ········· 100mL
- 적도미(500~600g) ········· 1마리
- 양파 ········· 1/2개
- 셀러리 ········· 30g
- 토마토 ········· 1개
- 케이퍼 ········· 20g
- 파슬리 ········· 5g
- 대파 (흰 부분 ········· 4cm) ········· 1토막
- 타임(fresh) ········· 5g
- 밀가루(중력분) ········· 20g
- 식용유 ········· 500mL
- 샬롯 ········· 1개
- 빨간 파프리카 ········· 1/4개
- 가지 ········· 1/2개
- 애호박 ········· 50g
- 흰 후춧가루 ········· 5g
- 월계수 잎(dry) ········· 1개
- 검은 통후추 ········· 5g
- 소금 ········· 10g

만드는 법

1. 기름에 저온 조리한 적도미(Oil Poached Red Snapper)

① 적도미는 비늘을 긁고 지느러미와 머리를 잘라낸 다음 삼장뜨기하고, 생선 필렛(Fillet)는 가시를 핀셋 등으로 뽑아내고 껍질 쪽에 칼집을 낸다.

② 생선 필렛은 소금, 흰 후춧가루, 식용유, 타임 등으로 마리네이드 한다.

③ 팬에 식용유, 타임, 버터, 마리네이드한 적도미 필렛을 넣고 저온에서 기름을 얹어가며 앞뒤로 부드러운 질감이 나도록 익힌다.(오븐에 넣어 저온조리를 할 수 있다.)

2. 타임 향의 벨루테 소스(Thyme Veloute Sauce)

① 삼장뜨기한 뼈는 찬물에 담가 핏기를 뺀다.

② 소스팬에 버터를 약간 넣고 양파, 셀러리, 대파채 등을 살짝 볶고, 생선 뼈와 남은 살을 넣고 살짝 볶아준 다음, 찬물과 월계수 잎, 통후추를 넣고 끓여 생선 스톡(fish stock)을 만들어 걸러 놓는다.

③ 소스팬에 버터와 밀가루를 넣고 볶아 화이트루를 만들고, 생선 스톡 1C을 조금씩 부어가며 루를 풀어주고, 생크림 1C을 넣고 끓이다가 타임(Thyme) 잎만 다져서 넣고 소금으로 간을 한 후, 불을 끄고 버터 몽테를 한다.

3. 더운 채소(Hot Vegetables)

① 브로콜리는 끓는 물에 데친 후 버터, 육수, 소금을 넣고 졸인다.

② 샬롯, 가지, 호박 등은 라따뚜이(ratatouille)에 들어가는 부분을 제외하고 용도에 맞게 조리해 가니쉬로 준비한다.

③ 샬롯, 가지, 호박, 붉은 파프리카, 양파와 콩카세한 토마토는 0.5cm 정도 크기로 다이스하고, 케이퍼는 다져서 준비한다. 팬에 식용유를 두르고 양파, 샬롯을 볶다가 토마토를 제외한 모든 재료를 넣고 볶아 마지막에 토마토를 넣고 더 볶는다. 소금, 후추로 간하고 볶은 라따뚜이(ratatouille)를 만든다.

4. 퐁당 감자(Fondants Potato)

① 감자는 작은 보일드 감자(boiled potato) 모양으로 2개를 만들어, 버터를 넣고 팬에서 연한 갈색이 나도록 굽는다.

② 작은 파운드케익 틀에 담아 육수를 붓고, 버터와 파슬리를 다져서 올리고 오븐에서 굽는다.

5. 플레이팅(plaiting)

접시에 적도미, 퐁당 감자, 가니쉬 등을 담고 타임 벨루테 소스를 곁들인다.

참고 문헌

- 김상철 외 11인, "서양조리", 지구문화, 2012.
- 김세한 외 11인, "새로운 이탈리아 요리", 지구문화, 2017.
- 백재은·배현주 외 3명, "식생활관리와 글로벌 음식문화", 교문사, 2016.
- 양향자 외 6인, "세계의 소스", 지구문화, 2019.
- 오석태 외 6인, "고급 서양요리", 지구문화, 2014.
- 오석태·안종철, "에피타이저와 샐러드", 지구문화, 2015.
- 오석태·안종철·이광일, "수프와 주요리", 지구문화, 1998.
- 윤수선 외 5명, "서양조리(ncs 양식조리학습모듈)", 2016.
- 정재홍 외 4인, "식품조리원리", 광문각, 2019.
- 주나미, "오감으로 배우는 서양조리", 교문사, 2018.
- 진양호, "만들기 쉬운 서양조리", 지구문화, 2018.

찾아 보기

ㅇ

ㅈ

ㅊ

ㅋ

ㅌ

ㅍ

ㅎ

Basic Western Cuisine

베이직 서양조리

2021년 3월 20일 초판 인쇄
2021년 3월 25일 초판 발행

저 자 전현근·김혜숙·이나겸·손미자·최영심

발행인 주병오 · 주민기

발행처 ㈜지구문화
JIGU CULTURE Co.Ltd

주 소 경기도 파주시 회동길 209
파주출판문화도시
영업팀 (031) 955－7566 · 7577
편집디자인팀 (031) 955－7731
F A X (031) 955－7730
홈페이지 www.ji-gu.co.kr
전자우편 jigupub@hanmail.net

등록번호 1979년 7월 13일 제 9－57호

ISBN 978-89-7006-891-6 값 22,000원